多語言、多文化環境下的中國語文教育

U0164661

已出版：

《幼兒綜合高效識字：中文讀寫的理論及實踐》
謝錫金、李黛娜、陳聲佩　編著

《香港幼兒口語發展》第二版
謝錫金

《香港少數族裔學生學習中文的研究：理念、挑戰與實踐》
叢鐵華、岑紹基、祁永華、張群英　編著

《非華語學生的中文學與教：課程、教材、教法與評估》
謝錫金、祁永華、岑紹基　主編

《課室的人生舞臺：以戲劇教文學》
何洵怡

《香港中國語文課程新路向：學習與評估》
岑紹基、羅燕琴、林偉業、鍾嶺崇　編著

《中國語文課程、教材及教法：面向有特殊學習需要的學童》
謝錫金、張張慧儀、羅嘉怡、呂慧蓮

《兒童閱讀能力進展：香港與國際比較》
謝錫金、林偉業、林裕康、羅嘉怡

多語言、多文化環境下的
中國語文教育

理論與實踐

羅嘉怡、巢偉儀、岑紹基、祁永華　編著

香港大學出版社

香港大學出版社

香港薄扶林道香港大學

https://hkupress.hku.hk

© 2019 香港大學出版社

ISBN 978-988-8528-08-0（平裝）

10 9 8 7 6 5 4 3 2 1

亨泰印刷有限公司承印

目錄

第一部分：影響中文作為第二語言學習的因素

第二部分：課程設計和教學實踐的研究

第三部分：中文作為第二語言的教學法

第四部分：香港少數族裔學生中文學習的評估

圖

表

第 *1* 章

導論

羅嘉怡、巢偉儀、岑紹基、祁永華

　　隨着中國在國際間的影響力與日俱增，全球愈來愈多人學習中文作為第二語言。對於從事中文作為第二語言學與教的同工而言，這是機會，也是挑戰！這是一個機會，因為這個龐大而尚待開發的市場，對於教師人才、課程、教材、教學法以至評估的需求甚殷，機會處處；這是一個挑戰，由於中文屬表意文字，與英文及其他拼音文字比較，兩者在語言結構和語法系統上都有顯著分別。很多研究都證明以拼音文字為母語的學習者剛開始學習中文時會遇到很多困難，若得不到適當的協助從而克服困難，很容易便會放棄。中文作為第二語言的學與教必須與時並進，既要包容學生的多元文化和學習差異，又要提起他們的學習興趣和動機，製造成功的學習經驗，有效地解決學習困難，方能乘着這個契機，持續發展。

　　本書題為《多語言、多文化環境下的中國語文教育：理論與實踐》，內容是關於香港少數族裔學生的中文學與教的實踐研究，一方面提供紮實的理論基礎，另一方面分享豐富的實踐經驗，對香港少數族裔學生以至海內外從事中文作為第二語言學與教及研究的教育同工，均具有參考價值。

　　中文是香港主要的溝通語言，包括口語的粵語和書面語的漢字。不過，約百分之六的香港居民並非以中文作為母語，無論是在生活或學習上，都造成一定的困擾，亦限制了他們升學和就業的機會。由此可見，讓這些少數香港居民具備良好的中文能力（包括說聽和讀寫）是非常重要的。現時本港有不少學校錄取少數族裔學生，校內不同族裔的學生出身固然不同，即使相同族裔的學生，他們的家庭背景、文化傳統、學習環境和中文能力等均有很大的差異。有些於小一甚至幼稚園開始便在香港主流學校就讀，有一定程度的中文水平；有些則於

中一或以後才抵港，完全不懂得聽説粵語，更不會書寫漢字，這情況在同一級甚至同一班內相當普遍，因此教師在設計校本課程、教材和教學安排上遇到很大的挑戰。

　　長久以來，香港對於少數族裔學生的中文教育，在課程目標、教材、教學法及評估上都是由各校憑藉自己的經驗及校本情況設計。目標方面，一般較注重基礎的識字和説聽，較少包含綜合能力並同時發揮學生的創造力；教材方面，有的選用坊間教材，有的自行編寫，但發覺在滿足少數族裔學生的學習需要上頗感吃力；教學法方面，目前鮮有有效套路可循；評估方面，還沒有一個既能照顧差異、又能深入而有效的系統。在這樣的背景下，過去十年，香港大學教育學院中文教育研究中心與多間中學合作，共同研發校本課程，並從中找出一些教授少數族裔學生中文的教學法，從而促進香港甚至世界對於以中文作為第二語言的教學發展。

　　本書分為四部分：第一部分根據社會學、社會心理學、語言學等不同理論，以質性個案研究分析香港少數族裔學生的中文學習和身份認同，並分享不同案例的特點和成功因素；第二部分包含課程設計和教學實踐的研究，除回顧香港大學教育學院中文教育研究中心過去十年為香港少數族裔中學生設計的中文課程的成效和挑戰外，亦介紹課程的不同應用和發展；第三部分以教學法為主，重點推介三種實用且行之有效的教學法，探討如何有效提升少數族裔學生的中文學習動機、興趣以及應用高階思維的能力，可謂理論和實踐並重。此部分推介的教學法在信度和效度、教學效能等方面均經過仔細和嚴謹的科學驗證，確保可有效提升少數族裔學生以中文作第二語言的學習能力和成效。三種教學法分別為經過簡化的「課堂戲劇教學法」、「閱讀促進學習」、「資訊科技輔助」（包括移動資訊科技、網上學生雜誌）教學；第四部分討論香港少數族裔學生中文學習的評估，除介紹不同的評估理論和方法外，亦總結過去十年的實踐經驗，以供香港及其他多語言、多文化環境下的中國語文教育同工參考。

　　總的來說，本書在過去的教學研究的基礎上，提供更多實用和可行的校本課程設計方法，介紹應用多個教學法的程序，目的是讓學生發揮自主性、創造性、高階思維，也期望可以培養學生成為有能力、向上流動的中文作為第二語言的學習者，使他們喜歡學習、享受學習、終身學習。

第一部分：

影響中文作為第二語言學習的因素

第 2 章

中文學習與身份認同：香港菲裔小學生（混血兒）多個案研究

巢偉儀

香港少數族裔學生的中文教學為當今重要的教育議題之一，但身份認同或少數族裔混血兒小學生的討論並不多見。本章主要採用 Norton (1995) 的身份認同理論，以兩位菲律賓混血兒小學生為研究對象，探討身份認同和中文學習表現。

本章為多個案質性研究，對象為一男一女本地出生居港超過十年的菲裔混血兒，小三、小六各一，分別於中文學校及英文學校就讀。研究方法主要通過學生、教師、家長訪談；影隨、觀課、模擬測試及課業蒐集等，以 NVivo 輔助分析。主要研究為 2013–2014 年，跟進研究為 2016–2017 年。根據 100 次訪談和 127 份文件及觀察，發現研究對象的身份認同呈多變多樣多矛盾的「遊牧」狀態，而且身份認同不但與中文學習的資源投放有關，也與父母的立場定位有所關連。

混血兒學生雖然較一般少數族裔學生面對更多身份認同的矛盾和掙扎，但是如能視「中國語文身份」跟已有身份並不相悖，甚至可以相容，則較易投入中文實踐社群，減少因身份認同產生的學習困難，有助提升中文學習成效。

關鍵詞：身份認同；少數族裔；小學生；混血兒；中文作為第二語言

一、背景

南亞裔人士移居香港主要緣於英國的百年貿易和殖民地統治（祁永華，2012）。隨着南亞裔人口的大幅增加，政府統計處在 2001 年人口普查起首次加入少數族裔主題性報告。政府統計處（2012a）的數字顯示，本港的少數族裔從

2001年的343,950人，到2011年已達451,183人，並以南亞裔的增幅最為顯著。但南亞裔學生卻因中文能力欠佳等問題而較難升讀大學（立法會，2011；政府統計處，2006，2012a，2012b），而提供給他們的中文教學遂成為當今最重要的教育議題之一（謝錫金、祁永華、岑紹基，2012）。

二、文獻回顧

南亞裔學生的中文能力牽涉身份認同，因為身份認同指「我是誰」，而「我是誰」指的是屬於哪個群體，而且被該群體所承認，所以「我是誰」是由社會建構的。每個人均處身於多個不同的社群中，而香港少數族裔學生的中文學習，就是在中文的實踐社群中透過參與中國語文活動來逐步掌握中文知識、使用習慣和常規（Lave and Wenger, 1991; Wenger, 1998），從而獲取語文專長、語文歸屬和語文繼承的「語文身份」（Rampton, 1990, 1996），而且語文學習者為了獲取這個身份會更願意參與中國語文活動（Norton, 2000, 2013a）。然而，南亞裔學生因處身不同社群所產生的身份認同矛盾和衝突而引起的中文學習困難，卻較少得到關注。本章以多個案研究探討如何處理身份認同的矛盾和衝突，讓學生更願意學習中文，以填補香港南亞裔學生中文學與教研究的空隙。

本章的主題為中文學習與身份認同，而研究對象為兩位菲裔混血兒小學生，屬居港的南亞（或東南亞）裔少數族裔學童。所以下文將分兩個部分作文獻回顧，第一部分牽涉第二語言和身份認同理論，第二部分則有關混血兒身份認同和第二語言學習。

身份認同理論較重視社會元素，John Joseph（2004）甚至以為早在1927年已出現了身份認同由社會建構的重要言論。然而據Gleason（1983）所言，在社會科學領域裏有關身份認同的討論是在1950年代才開始的。到了1990年代，Bonny Norton正式把身份認同引入第二語言學習之中，她認為身份認同是指：

> 人們如何理解自己與世界之間的關係，這種關係如何在不同時空中不斷建構，以及人們如何理解自己可以怎樣為將來而未雨綢繆。（Norton, 2015: 377）

而且語言學習和身份認同也脫不了關係，因為「語言的角色就是制定語言學習者的社會身份，同時語言也由這個社會身份而制定。」（Peirce, 1994: 2；筆者註：Norton, Bonny 前名 Peirce, Bonny Norton）

至於語言和身份的最大關連，Norton（2015: 377）以為是資源投放（investment）：

為了獲取更強而有力的身份，語言學習者可以向不平等的權力關係作出挑戰，以便重新制定他們跟其他人的關係。該如何重新制定呢？某程度上取決於語言學習者在課堂和社群的語文活動的資源投放。

所謂資源投放，在Norton而言，指的是：

當學習者選擇投放資源時，其實是相信自己將要獲取更多更廣泛的象徵資源和物質資源，從而提升自己原有文化資本的價值以及在社會上的權位。(Darvin and Norton, 2015: 37)

當中牽涉的各種資源和資本，本章嘗試以圖2.1顯示：

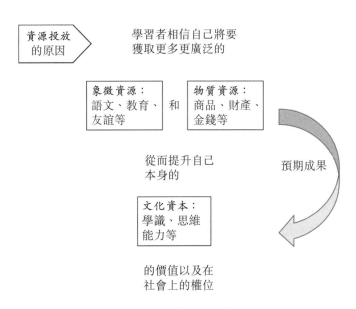

圖2.1：資源投放的原因與預期成果

　　圖2.1所示，簡單而言，就是學習者相信自己投放資源來學習可以認識朋友或賺取金錢，又可以提升自己的學識，在社會上也就更有地位。當社會地位和權力提升後，自我的身份地位自然也得以重新評量 (Darvin and Norton, 2015; Norton, 1997, 2000, 2010, 2013a, 2013b, 2014, 2017)。

　　換言之，語言學習者會為了重構自己的身份而投放學習資源。為進一步說明身份認同和資源投放的概念，Norton (2001) 還引用了Anderson (1991) 想像社群 (imagined communities) 的觀念和Wenger (1998) 實踐社群 (community of practice) 的觀念，說明學習者會為了想像社群中的身份而在實踐社群裏投放資源。於是學習者通過參與和實踐而逐步獲取這個社群的成員資格，而在語文學習的社群而言，獲取的就是該語文的身份。

　　2015年，Norton為了強調資源投放在身份認同及第二語言學習中的重要性，構建了以資源投放為中心的模型，把身份認同、資源投放和意識形態的構思同時應用在第二語言學習之上：

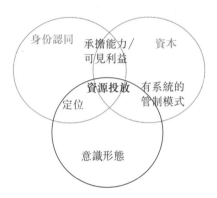

圖2.2：資源投放模型。資料來源：Darvin and Norton (2015: 42)。

　　正如圖2.2所示，身份認同和資本之間的概念是承擔能力（affordance）和可見利益（perceived benefit），也就是Norton一直強調的第二語言學習者為了獲取更多的文化資源（如語文、友誼）和象徵資源（如金錢）以提升自己的文化資本（如知識和思維能力），如果這些資源和資本均是學習的預期好處，則學習者會因應自己的語文承擔能力投放資源參與語文實踐活動。

　　身份認同和資本是Norton一直強調的概念，意識形態則與資源投放相關。對Bourdieu (1986) 而言，資本就是權力。而正如圖2.2所示，對Darvin and Norton (2015) 來說，不論是經濟資本、文化資本還是社會資本，資本的形式均取決於意識形態的結構，所以資本和意識形態之間的概念是「有系統的管制模式」（systemic patterns of control）。而且意識形態也影響了身份認同的定位，即身份認同是由意識形態構建的許多不同定位組成的。「定位」並非純粹取決於自我的立場和觀念，亦受意識形態所左右。於是其他人對個別身份的看法，同時影響自己和他人是否認同自己已取得的個別身份。至於意識形態，就像是一些常識、一些主流看法或觀點。換言之，意識形態是一些信念變成常規，而且指導着常規的運作，甚至決定了個人的價值觀。

　　事實上，Bonny Norton並非第一位提出身份認同和語言學習的學者。早在1950年代，Lambert的社會心理學模型就包含自我身份認同（Gardner, 1985; Gardner and Lambert, 1959; Lambert, 1955），系統功能語言學談到及物系統（transitivity）時，亦把身份認同列入關係過程（relational process）（Halliday, 1975, 1994）。然而，Bonny Norton卻在第二語言學習的層面中強調社會導向，正式引入身份認同、資源投放等觀念，被Cummins盛讚為一個「重要的闡述構思」

（significant explanatory construct）（Cummins, 2006: 59），更配合已推行超過三十年的雙語教學，發展出雙語身份文本（dual language identity text）（Cummins and Early, 2011）。

本章較多引用 Norton 的理論，除了因為該理論較有影響力外，亦因該理論重點探討後殖民地社會的雙語教育，正配合香港的環境和本章的主題。香港正屬於 Norton 所關注的後殖民地社會，中英雙語教學雖是社會上的常態，但對南亞裔學生而言，中英「雙語」俱非他們的第一語言，他們的多語多文化背景如何影響他們中文學習的表現呢？

尤其是雙親屬於不同族裔的混血兒，他們的語言和文化背景較一般少數族裔學生更為複雜。例如：研究發現，美國社會常常把混血兒的身份置於一個特殊的地位，令他們受到挑戰，所以第二語言的教育者對促進混血兒學生建立正面的身份認同觀念有一個重要的角色（Pao, Wong, and Teuben-Rowe, 1997）。Renn（2004）更以 56 名大學生作為研究對象，探討混血兒學生如何適應校園環境，以及因應同輩的文化薰陶，建構和解構自己的身份認同。甚至近年漸次有不少學者以混血兒的身份來研究混血兒學生的身份認同，例如史丹福大學 Seals（2016, 2017）以非洲混血兒身份研究當代 50 部文學作品中的身份認同以及家庭中的混合種族身份認同問題。

亞洲方面，近年也有研究指出混血兒較難接受自己的身份，因而在學習上出現困難。例如 Kamada（2010）研究 6 位 12–15 歲「半日本」少女每天在教室內外就自己的身份認同作戰，並且因為日本普遍存在的男女地位不平等現象，故感覺自己在社會上被「槍打出頭鳥」。歷經三年的追蹤研究，研究對象始開始接受混血兒比其他人擁有更多的「文化資本」這個優勢。這種混血兒的身份認同問題在日本稱為ハーフ（hāfu，即 half），混血兒身份究竟是「一半」、「混合」還是「雙重」普遍受到關注（Shaitan and McEntee-Atalianis, 2017），甚至相類的問題在中國、越南、南韓、日本、馬來西亞、新加坡、印度、印尼亦屢見不鮮，因此 Rocha and Fozdar（2017）以亞洲混血兒的過去、現在和將來為專題，探討這些混血兒學生及成人的身份認同。

至於香港有關少數族裔學生中文學習的研究雖漸次增多，但以身份認同作為焦點的討論並不多見，而且對象大多集中在中學生之上（Gao, 2012a, 2012b; Lai, Gao, and Wang, 2015），而以少數族裔混血兒小學生作對象的研究更是非常罕見，值得投放資源，以填補研究領域上的空隙。

三、研究問題

本章的研究問題為：兩位香港菲裔混血兒小學生分別在英文和中文學校學習中文，他們的身份認同如何影響他們的中文學習表現？

四、研究方法

本章為多個案研究，主要通過學生訪談、教師訪談、家長訪談、影隨、觀課、模擬測試及蒐集學校文件與學生作業，以質性分析軟件NVivo作輔助和分析，再整理為本章研究結果。過程如下：

1. 蒐集數據，包括訪談、觀課等；
2. 訪談及觀課內容轉為逐字稿。如遇一字多義的情況，另備附註或備忘作提醒，例如ok可以指同意、停頓、轉折，也可以指接受，又或指不同程度，且有關「程度」因人、因語境而異；
3. 使用NVivo，整理訪談對象屬性分類表；
4. 編碼：
   i.　根據文獻作第一輪資料分析（first cycle coding），例如描述類、鮮活引用（vivo）、感受評價等（Corbin and Strauss, 2015; Saldaña, 2016）；
   ii.　根據數據作第二輪資料分析（second cycle coding），例如整合為不同焦點和類型等（Corbin and Strauss, 2015; Saldaña, 2016）。如遇模稜兩可的情況，另加備忘以紀錄分類原因，例如：「朋友」與「同學」不作合併，因為個別訪談對象有校外的朋友；
   iii.　整合為五個類別：自我認同、原籍身份、家庭身份、現居地身份、學童身份
   　　A. 自我認同，例如：
   　　　個人工作期望（廚師、英文教師）、
   　　　概念比喻（Bazeley and Jackson, 2013; Bernard and Ryan, 2015）（學生：「我係用個心嚟讀」；課後訪談：「佢哋笑我因為我係菲律賓人」；推論：因為是菲律賓人，發音有誤而被取笑，所以寧可用「心」讀，而不會唸出來。）；
   　　B. 原籍身份，例如：
   　　　對本國的看法（「我做錯野佢會鬧，跟住佢叫我去菲律賓囉！」；推論：原籍是懲罰，是放逐之地）、母語（「教過，不過唔記得」）；
   　　C. 家庭身份，例如：
   　　　父母期望（「想我做好野吖嘛，90幾分都唔得！」）、

兄弟姊妹（「妹妹兩歲半，我教佢中文」）；

    D. 現居地身份，例如：

居港年期（「就快20年，所以講中文冇問題」）、

對香港人的看法（「菲律賓好關我事，香港人……我唔會畀com-ment！」）；

    E. 學童身份，例如：

教師評價（「非華裔學生嚟講算係最好㗎啦！」）、

補習老師（「我有7個補習姐姐」）。

5. 形成主題（Corbin and Strauss, 2015）。

訪談對象（informants）方面，兩位學生均在一年內接受密集式觀察，然後再接受一年跟進式觀察和訪談。學生背景及數據蒐集參表2.1。

五、研究結果及討論

本章的主要研究為2013–2014年（2015年曾作非正式跟進），跟進研究則為2016–2017年。根據100次訪談和127份文件及其他觀察所得，發現兩位研究對象的身份認同有三個特點。首先，身份是多變、多樣化的，甚至模糊、迷茫的，混血兒學生較一般少數族裔學生面對更多的矛盾和掙扎。文化是不停演化的，來自相同文化背景的人一般會對個別標記、工藝品、行為有相同或相近的理解（Banks, 2013），一般少數族裔學生可能會因為本來文化而抗拒接受粵語或中國文化。而混血兒學生因為本來已有兩種文化和語言，在香港兩文三語的要求下，平白多了三種語文的身份，自然較一般少數族裔學生更感無所適從。例如：其中一個個案湘兒本有一半華裔血統，在剛升上小五時稱自己為「半中文半菲律賓人」（原話如此），升上小六時亦曾指自己「我係mixed，我又係香港人又係菲律賓人」，但是15天後卻指「菲律賓好關我事，香港人除咗我爹哋，我唔會畀comment！」而且此言並非一時氣話，因為半年以後，湘兒仍指：「No！冇中文㗎！中文又唔關我事！」，三年以後，湘兒更指：「我想同個玻璃眼女仔（碧眼女同學）做朋友，因為佢都唔係中國人。」「我唔係唔鍾意歷史，係唔鍾意中史！我聽過埃及啲皇帝，我好有興趣㗎！」可見湘兒一方面因為自己是混血兒而對自己的身份存疑，另一方面又因為傾向自己的菲裔身份，視為本質，因而把中文（中國）的身份視為與己無關。

另一個案的印菲混血男生小寶對自己的身份同樣抱有懷疑，搖擺不定。例如2014年1月時表示自己是香港人，四個月後表示自己不是香港人，但是想當香港人，2015年7月又表示自己家住香港，所以是香港人。2014–2015年合共五

表2.1：訪談對象的背景及數據蒐集

		以中文作為授課語言		以英文作為授課語言	
學校層面	研究對象	湘兒		小寶	
	研究階段	主要研究	跟進	主要研究	跟進
	學校	乙	己	戊	
	地區	B	E	D	
	類別	資助	津貼	私立	
	全校學生人數	259	約700	約400	
	全校非華裔學生人數	2	約10名	>90%	
個人層面	年級	小六	中三	小三	小六
	年齡	11	14	8	11
	出生地	香港		香港	
	族裔	中國+菲律賓		印度+菲律賓	
	性別	女		男	
	訪談　單獨	7	7	8	4
	小組	1	7	4	6
	教師	5*	0	2	0
	主任		0	8**	0
	副/助理校長	8*	0		3
	校長/主管		2	5	2
	家長	7	10	2	2
	觀察　觀課	3	0	1	0
	文化活動	1	0	2	3
	其他	影隨1天	手機應用程式觀察	影隨兩天	手機應用程式觀察
	文件　功課	9	10	5	3
	測驗/考試	2	4	2	2
	田野筆記	16	24	30	7

* 湘兒的中文老師為課程主任，而該校的副校長在研究期間升為校長。
** 小寶的主任在研究期間升為助理校長。

次否定自己是菲律賓人，堅稱自己是印度人，甚至寧可選擇不作答：「如果有人問我鄉下？我唔講！」。2017年再度兩次質疑自己的菲裔身份：

> 點解你要問我菲律賓？我係印度人！係香港（原話沒有「人」字），唔係菲律賓！

誠然，本章的個案只有8–11歲（跟進階段為11–14歲），對自己的身份認知不足，在不同身份中呈現「遊牧」狀態。但是正因年紀小，所以更受父母的觀念影響。因此，研究的另一個發現是混血兒學童的父母如果有相同信念，沒有把本來族裔視作不變的本質，反而把中國語文身份視作一種知識，跟已有身份可以相容，則子女較易投入到中文的實踐社群中。西方研究或有關亞洲混血兒研究大多指出社會環境和同儕的重要作用，然而研究對象多為中學生、大學生和成人。而本章的研究對象為小學生，湘兒雖然已升讀初中，但小寶在跟進三年後仍只是小六年級學生，因而兩人對身份的定位往往取決於家長的態度。先以湘兒為例，因為父母離異，與菲裔母親相依為命，湘兒一方面抗拒華人身份，另一方面又因為父母期望而沒有放棄中文。湘兒在2014年1月7日曾言：「我唔想攞好低分。唔想我阿媽怪我！我真係唔想再畀佢鬧喇！」此言在2014年10月8日自湘兒母親訪談中得到印證：

> 當然要學中文了，特別是中文！因為她是中國人啊！中文對她而言太特殊了！（原文為英語）

小寶對菲裔身份反感、對香港人身份猶疑但接受，同樣有跡可尋，而且跟父母脫不了關係。例如小寶校長曾說：「小寶好驚佢爸爸㗎，好似軍訓咁。」小寶曾說：「（我）做錯嘢跟住佢（父親）會鬧，跟住佢叫我去菲律賓囉！」如此一來，菲律賓對小寶而言不是一個可供選擇的故土或身份認同，而是「放逐之地」。至於香港反而是長居之地，在小寶和母親對話中也可見一斑。小寶：「喱度係中國，我中文唔好，爸爸鬧，爸爸叫我教佢點講。」小寶母親：

> 都諗住一路都會留番喺香港㗎嘞。我覺得兩樣，兩樣都要，英文同廣東話都係一樣有用嘅。

僅從小寶母親能以粵語接受訪問，提出自己對香港和中文的看法，就可發現小寶對自己的身份認同雖有矛盾之處，但是卻深受父母影響。

本章的最後一個發現是**學習中國語文不需要擁有香港人身份**，反而重點在有沒有投放資源去建構自己的中國語文身份。本章的研究對象湘兒認定自己為菲裔，而華人語言為毫不相干，所以在中文學習上資源投放不足，猶幸的是因為不想讓父母失望，仍然願意投放少量學習資源，最後成績只屬中等。圖2.3為

湘兒在2016年8–12月所畫的「中文」，正好道出了無法接受香港人、中國人身份，卻把中文視為「亦敵亦友」的特殊定位。

　　反觀小寶雖然對香港人身份猶疑不定，但是卻表示「中文重要過英文。因為我哋喺中國，……爸爸講過要我叻啲先可以喺喱度。」換言之，小寶是否香港人並不重要，重要在希望留居香港。而且相信中文「叻」，亦即取得語文身份中的「語文專長」，可以讓自己的居民身份更穩固，於是對中文甚有「歸屬」，亦願意在日常生活中加以「繼承」（參與和使用）。最後小寶考取了中文科全級第五名，較部分華裔學生的表現更佳。圖2.4為小寶在2017年1月所畫的「中文」，正好道出這種特殊的身份。

圖2.3：湘兒對中國語文身份的看法

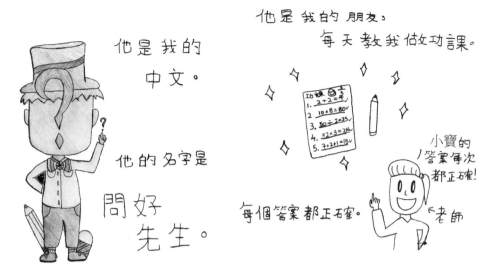

圖2.4：小寶對中國語文身份的看法

正如圖2.4所示，小寶一方面把中文的名字稱為「問好」（與粵語「問號」相近），另一方面在這位先生的臉上加上問號，代表小寶對這個身份的猶疑，但同時抱存好感，甚至可以稱為朋友。由此可見，不論是湘兒還是小寶，學習中文的重點不在中國人身份、香港人身份、菲律賓人身份、混血兒身份，而在中國語文身份。

六、結論

本章討論混血兒小學生的身份認同跟中文學習表現確有關連，而且不同族裔家長如果能就不同身份，例如族裔身份跟香港人身份是否相容，本族語言跟中國語文是否相悖，提供一個一致的方向，則子女不會那麼容易迷失。而教師在教授中國語文時，如能讓學生理解中國語文身份需要在中文實踐社群中多加投放資源，以及學習中文跟本來身份其實可以相容的話，相信可有助學生減少因為身份認同而產生的中文學習困難。本章採用質性研究，分析結果並**不能推論至其他菲裔或混血兒學生**，更不能代表所有少數族裔學生。身份本來就是一個多變的概念，需要作長時間追蹤和質性討論，日後如能擴大研究範圍，就不同族裔作深入和長期的觀察和分析，則不但有助印證本章的研究結果，亦可填補香港少數族裔學生中文學習和身份認同研究，以及中文作為第二語言研究的空隙。

　　本章在蒐集文獻時曾查考1985年10月30日（前立法會）至2015年7月13日（第五屆立法會）30年間合共1,389份立法會會議紀錄，統計30年間出現「非華語」一詞共1,016遍。然而本章的討論較少使用「非華語」一詞，其中一個重要原因是避免歧義。學習中文需要的是「中國語文身份」，並不需要是華人。而且這些學生學習的正是華語，稱為非華語學生，容易誤會其所言所學並非華語。2017年8月20日，湘兒說了一個小故事：

> 有一個女仔，父母對佢好嚴，佢冇晒時間同空間，夢想有一日可以坐過山車。有一日，佢放咗學，補完習，突然想去公園玩過山車。佢坐上過山車，轉到上面嘅track，先至發現下面係冇track㗎！架過山車去到下面，竟然free咗，重帶咗個女仔去環遊世界！個女仔後來發現只係發夢，根本無上到過山車。佢返到屋企，爸爸媽媽同佢道歉，話以後會畀多啲空間佢。個女仔從此可以自由參加課外活動，重多咗個夢想就係真正環遊世界！

　　本章謹以此小故事作結，因為少數族裔學生所說的華語，同樣是華語，而且身處香港這個國際大都會，在一般香港人也習慣以兩文三語混合交談之際，混血兒學生的身份可能較一般香港人特殊，但是只要他們肯對中國語文身份投放學習資源，同樣可以學好中文，說出動人的故事。

參考書目

Bernard, H. R., & Ryan, G. W. (2015)。《質性研究分析：系統取向》（藍依勤、羅育齡、林聖曦譯）。新北市：心理出版社股份有限公司。

立法會 (2011)。《立法會會議過程正式紀錄 (27.10.2011)》。香港：香港特別行政區立法會。

祁永華 (2012)。〈有關的歷史和社會脈絡〉。載於謝錫金、祁永華、岑紹基 (主編)：《非華語學生的中文學與教：課程、教材、教法與評估》(頁3–13)。香港：香港大學出版社。

政府統計處 (2006)。《主題性報告：少數族裔人士》。香港：香港特別行政區政府統計處。

政府統計處 (2012a)。《2011人口普查簡要報告》。香港：香港特別行政區政府統計處。

政府統計處 (2012b)。《主題性報告：少數族裔人士》。香港：香港特別行政區政府統計處。

謝錫金、祁永華、岑紹基 (2012)。《非華語學生的中文學與教：課程、教材、教法與評估》。香港：香港大學出版社。

Anderson, B. (1991). *Imagined communities: Reflection on the origin of spread of nationalism* (2nd ed.). London & New York Verso.

Banks, J. A. (2013). The meaning of culture. In J. A. Banks & C. A. M. Banks (Eds.), *Multicultural education: Issues and perspectives* (8th ed.). Hoboken, NJ: Wiley.

Bazeley, P., & Jackson, K. (2013). *Qualitative data analysis with NVivo* (2nd ed.). London: SAGE.

Bourdieu, P. (1986). The forms of capital. In J. F. Richardson (Ed.), *Handbook of theory and research for the sociology of education* (pp. 241–258). New York: Greenwood Press.

Corbin, J. M., & Strauss, A. (2015). *Basics of qualitative research: Techniques and procedures for developing grounded theory* (4th ed.). Thousand Oaks, CA: SAGE.

Cummins, J. (2006). Identity texts: The imaginative construction of self through multiliteracies pedagogy. In O. Garcia, T. Skutnabb-Kangas, & M. Torres-Guzman (Eds.), *Imagining multilingual schools: Language in education and glocalization* (pp. 51–68). Clevedon: Multilingual Matters.

Cummins, J., & Early, M. (2011). *Identity texts: The collaborative creation of power in multilingual schools*. Stoke on Trent; Sterling, VA: Trentham Books.

Darvin, R., & Norton, B. (2015). Identity and a model of investment in applied linguistics. *Annual Review of Applied Linguistics*, *35*, 36–56.

Gao, F. (2012a). Imagined community, identity, and Chinese language teaching in Hong Kong. *Journal of Asian Pacific Communication*, *22*(1), 140–154.

Gao, F. (2012b). Teacher identity, teaching vision, and Chinese language education for South Asian students in Hong Kong. *Teachers and Teaching: Theory and Practice*, *18*(1), 89–99.

Gardner, R. C. (1985). *Social psychology and second language learning: The role of attitudes and motivation*. London: Edward Arnold.

Gardner, R. C., & Lambert, W. E. (1959). Motivational variables in second language acquistion. *Canadian Journal of Psychology*, *13*, 266–272.

Gleason, P. (1983). Identifying identity: A semantic history. *The Journal of Amercian History*, *69*(4), 910–931.

Halliday, M. A. K. (1975). *Learning how to mean: Explorations in the development of language*. London: Edward Arnold.

Halliday, M. A. K. (1994). *An introduction to functional grammar* (2nd ed.). London: Edward Arnold.

Joseph, J. E. (2004). *Language and identity: national, ethnic, religious*. Basingstoke: Palgrave Macmillan.

Kamada, L. D. (2010). *Hybrid identities and adolescent girls: Being half in Japan*. Bristol, UK: Multilingual Matters.

Lai, C., Gao, F., & Wang, Q. (2015). Bicultural orientation and Chinese language learning among South Asian ethnic minority students in Hong Kong. *International Journal of Bilingual Education and Bilingualism*, *18*(2), 203–224.

Lambert, W. E. (1955). Measurement of the linguistic dominance of bilinguals. *Journal of Abnormal and Social Psychology*, *50*, 197–200.

Lave, J., & Wenger, E. (1991). *Situated learning: Legitimate peripheral participation*. Cambridge, England: Cambridge University Press.

Norton, B. (1997). Language, identity, and the ownership of English. *TESOL Quarterly*, *31*(1), 409–429.

Norton, B. (2000). *Identity and language learning: Gender, ethnicity and educational change*. Harlow: Pearson Education Limited.

Norton, B. (2001). Non-participation, imagined community and the language classroom. In M. Breen (Ed.), *Learners' contribution to language learning: New directions in research* (pp. 159–171). Harlow, England: Pearson education.

Norton, B. (2010). Language and identity. In N. Hornberger & S. McKay (Eds.), *Sociolinguistics and language education* (pp. 349–369). Bristol, UK: Multilingual Matters.

Norton, B. (2013a). *Identity and language learning: Extending the conversation* (2nd ed.). Bristol, Buffalo, Toronto: Multilingual Matters.

Norton, B. (2013b). Identity and second language acquisition. In C. A. Chapelle (Ed.), *The encyclopedia of applied linguistics* (pp. 1–8). Chichester, West Sussex, UK: Blackwell Publishing Ltd.

Norton, B. (2014). Identity, literacy and the multilingual classroom. In S. May (Ed.), *The multilingual turn: Implications for SLA, TESOL and bilingual education* (pp. 103–122). New York:Routledge.

Norton, B. (2015). Identity, investment, and faces of English internationally. *Chinese Journal of Applied Linguistics*, *38*(4), 375–391. doi: 10.1515/cjal-2015-0025

Norton, B. (2017). Learner investment and language teacher identity. In G. Barkhuizen (Ed.), *Reflections on language teacher identity research* (pp. 80–86). New York: Routledge.

Pao, D. L., Wong, S. D., & Teuben-Rowe, S. (1997). Identity formation for mixed-heritage adults and implications for educators. *TESOL Quarterly*, *31*(3), 622–631.

Peirce, B. N. (1994). *Language learning, social identity, and immigrant women.* Paper presented at the Annual Meeting of the Teachers of English to Speakers of Other Languages, Baltimore.

Rampton, M. B. H. (1990). Displacing the "native speaker": Expertise, affiliation, and inheritance. *ELT Journal*, *44*, 97–101.

Rampton, M. B. H. (1996). Displacing the "native speaker": Expertise, affiliation, and inheritance. In T. Hedge & N. Whitney (Eds.), *Power pedagogy & practice* (pp. 17–22). Oxford, New York: Oxford University Press.

Renn, K. A. (2004). *Mixed race students in college: The ecology of race, identity, and community on campus.* New York: State University of New York Press.

Rocha, Z. L., & Fozdar, F. (2017). *Mixed race in Asia: Past, present and future.* London and New York: Routledge.

Saldaña, J. (2016). *The coding manual for qualitative researchers* (3rd ed.). London; Thousand Oaks, CA: Sage.

Seals, V. (2016). Narrating birth in the multiracial memoir. Paper presented at the Multi-Ethnic Literature of the United States (MELUS) Conference, Charleston, SC.

Seals, V. (2017). *Writing the multiracial family in 20th and 21st century US literature.* Unpublished PhD thesis. Stanford University, Stanford.

Shaitan, A., & McEntee-Atalianis, L. J. (2017). Haafu identity in Japan: Half, mixed or double? In Z. L. Rocha & F. Fozdar (Eds.), *Mixed race in Asia: Past, present and future* (pp. 82–97). London and New York: Routledge.

Wenger, F. (1998). *Communities of practise: Learning, meaning and identity.* Cambridge, MA: Cambridge University Press.

第**3**章

少數族裔學生成功學習中文的因素：一所中學的個案研究

劉國張

　　九七回歸，在香港定居的少數族裔人口急促增長。愈來愈多少數族裔家長選擇讓子女入讀政府資助學校，包括主流學校和招收大量非華語學生的學校（前指定學校），以求習得中文，融入主流社會。過去的研究大多側重少數族裔學生面對學習中文的困難，鮮有留意成功的例子。本章研究在一所前指定中學就讀的六位南亞裔學生成功學習中文的因素，當中採用民族誌式個案研究法進行面談，通過參與觀察，了解他們學習中文的經歷，其中包括他們的自我觀念、對第二語言的學習態度和動機。研究框架分析外在因素（家庭、學校和社會）和內在因素（身份觀和自我效能）對中文第二語言習得的相互作用。研究發現，少數族裔學生的中文第二語言習得與第二語言身份的形成有密切關係；家長的期望、老師的鼓勵和支持，以至同儕一起學習，對他們中文學習歷程有着不同程度的影響。不但如此，第二語言學習動機的內化亦有助維持和加強對中文第二語言以至多語言能力的學習，並克服學習上的困難。

關鍵詞：少數族裔學生；中文作為第二語言；學習動機；身份認同

一、背景

　　由於「兩文三語」政策及大學聯合招生只接受中學文憑考試中國語文或認可的其他中文考試，入讀政府資助學校進修中文的少數族裔學生驟增。學校老師和學生一時未能適應，以致中文第二語言教學問題叢生。加上小學為少數族裔學生提供校本中文課程深淺不一，以致在銜接中學時出現極大差異，令中文教學情況更見混亂。雖然教育局介入提供種種支援措施，但成效不彰。其時多個

研究發現，學校老師和學生在中文教與學上互相抱怨：老師認為學生學習態度負面和欠缺學習動機；學生覺得中文太難學習，並且沉悶（叢鐵華，2008），甚至埋怨老師缺乏教授中文第二語言的能力（Erni and Leung, 2014）。至於家長，大多對子女學業期望不高（Sharma, 2012），又或雖關心子女學業，卻對他們的未來欠缺清晰的期望（Ku, Chan, and Sandhu, 2005）。

二、文獻回顧

有關少數族裔第二語言習得理論的研究文獻頗多，其中 Ting-Toomey (2005) 提出「族群文化認同」理論，比較四種文化身份認同的分別，指出擁有雙重文化（bicultural）或融合（integrative）身份，有利適應主流社會文化。Berry, Phinney, Sam, and Vedder (2006) 發現少數族裔青少年如果同時認同族裔和主流文化，是最能融入主流社會文化的適應方式。Berry (2011) 更認為移民家庭的兒童通過文化傳承（enculturation）和文化適應（acculturation）來建立不同文化身份，有利第二語言學習。他在研究中亦發現以族裔文化自豪的年輕移民，能夠應付被歧視的問題及順利適應主流社會文化（Berry et al., 2006）；Schumann (1986) 亦同意文化適應程度愈高，其在第二語言習得的水平亦相對地較高。

Ellis (1997) 認為，當第二語言學習者自覺其社會身份足以讓主流社會所接納，才會全心並成功習得該社會的語言。然而有研究顯示，少數族裔學習第二語言以融入主流社會可能令其失去第一語言能力，以致和族群產生磨擦（Dörnyei and Ushioda, 2009）。要避免主流社會與族群身份之間產生磨擦，應讓第二語言學習者選擇保留第一語言，以表示對族裔語言的忠誠（Kwong, 1983），同時發展第二以至第三語言的能力。Cummins (2000) 認為學生通過第一語言掌握的各種知識和推理能力，可令他們的第二語言學得更好。

Dörnyei (1998) 視學習動機為成功學習第二語言的主要因素。然而更早提出第二語言學習動機理論的要算 Gardner (1960) 和 Gardner and Lalonde (1985) 的「融合性動機」（integrative motivation）模型。Gardner 認為抱持融合性理念的第二語言學習者都樂於認同主流社會文化，從而提升其對第二語言的學習動機。

Dörnyei, Csizer, and Nemeth (2006) 研究匈牙利當地學生對學習外語的態度和動機時，在 Gardner 的「融合性動機」理論基礎上發展「第二語言動機自我系統」理論，包括：(1)「理想第二語言自我」(Ideal L2 Self)；(2)「應然第二語言自我」(Ought-to L2 Self) 及 (3)「第二語言學習經歷」。「第二語言學習經歷」是 Dörnyei (2009) 和 Dörnyei and Ushioda (2009) 最為強調的。縱使欠缺第二語言學習環境，學習者仍可通過持續成功的課堂學習經歷，激發其「外語」學習動機，

並得以發展「應然第二語言自我」以至「理想第二語言自我」等更高的學習動機和
自我效能，而他日也能以其習得之「外語」能力於第二語言環境中應用自如。

三、研究設計

本研究旨在探討少數族裔學生在不同社會文化的影響下，如何建立他們的
文化身份，從而發展自我效能和學習動機，以致在中文學習獲得不同程度的成
就。

3.1 研究問題

1.　少數族裔學生的中文學習和家庭、學校、社會的外在因素有何關係？
2.　少數族裔學生的中文學習和個人性格、文化適應、身份建構的內在因素有
　　何關係？
3.　導致少數族裔學生成功學習中文的外在和內在因素的互動關係如何？

3.2 研究對象

六位就讀於香港一所前指定中學的南亞裔學生，於2010年9月至2013年4
月期間接受邀請參與個案研究：個案一為四位修讀「中文第二語言」校本課程的
學生；個案二為兩位修讀「中國語文」主流課程的學生。其中印度和巴基斯坦裔
的四位同學都在香港出生。至於尼泊爾裔的兩位參與者分別在五歲及九歲時跟
隨父母從尼泊爾來香港定居（表3.1）。

研究者分別在其任教的兩個中文班中挑選研究對象：在36人的中文第二語
言班中，M、G、P和Y同學是成績最佳的四位；在只有10人的主流中國語文班
中，F和R同學的中文成績是少數族裔學生中最好的兩位。兩組同學分別參加英
國普通中學教育文憑中文試（GCSE）和香港中學文憑考試，考試成績可用作檢視
他們的中文水平（表3.1）。

3.3 研究方法

本研究採用民族誌式個案研究，除了跟參與者作回顧式面談，檢視他們
多年中文學習成績，更以參與觀察者的身份，觀察並蒐集他們在中文課堂的資
料，以作分析研究。

表 3.1：參與研究的南亞裔學生的基本資料

個案	學生代號	性別	族裔	出生年份	出生地點	幼稚園	小學類別及分班	小學課程	中學課程	年級 2010-2012	年級 2012-2013	GCSE 中文成績	DSE 中文成績	DSE 英文成績
1	Y	男	尼泊爾	1993	尼泊爾	不詳	主流/中英分班	校本中文	校本中文	中五/中六		A*		4
1	P	男	尼泊爾	1992	尼泊爾	主流	指定/中英分班	校本中文	校本中文	中五/中六		A*		4
1	M	女	巴基斯坦	1995	香港	英文	指定/英文混合	校本中文	校本中文	中五/中六		A*		5*
1	G	男	印度	1994	香港	不詳	指定/中英分班	校本中文	校本中文	中五/中六		A*		4
2	F	女	巴基斯坦	1995	香港	主流	主流/中文混合	主流中文	主流中文	中四/中五	中六		2	3
2	R	女	印度	1995	香港	英文	英文私立/英文混合	主流中文	主流中文	中四/中五	中六		1	4

註：「主流小學」主要收錄本地華語學生；「指定小學」主要收錄少數族裔學生

四、結果與討論

研究發現，少數族裔學生能夠成功學習中文，主要源自持續不斷的學習動機，而學習動機又受着長時間、多重環境和個人因素的影響，而且外在因素和內在因素互為影響，令外在動機得以內化，從而在學習困境中得以維持學習動機和適應力，達到不同程度的中文學習成就（圖3.1）。

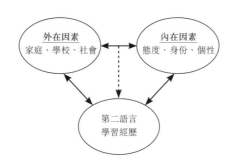

圖3.1：外在因素、內在因素與第二語言的學習經歷

4.1 外在因素

4.1.1 家庭的影響

少數族裔學生的中文學習最先受到父母為他們選擇學校的影響。由於孩童缺乏自決的能力，需要成人扮演中介角色，為他們籌謀和抉擇（Pajares and Schunk, 2002）。作為第一代移民的家長，固然為了改善生活而願意改變自己文化習慣以遷就主流社會文化，包括學習主流社會的語言（Ogbu, 2000; Ogbu and Simons, 1998）。為了下一代的幸福着想，他們也會讓子女入讀主流學校，以便盡快融入社會。在1997年以前，少數族裔的父母大多只須選擇以英語為教學語言的學校（Kwong, 1983）。回歸後的香港，雖然中文地位大大提高，但英文仍不失其優勢，然而香港政府資助學校的教學語言政策，在「主流小學」是以中文教學為主，除了英語一科；在「指定小學」則以英語教學，除了淺易的中文一科，令家長為子女選擇學校時無所適從，感到煩惱（Loper, 2004）。無論少數族裔家長為子女選擇中文或英文教學語言為先，對子女的另一種二語學習和發展都會造成不同程度的困難。

研究顯示，F和M都是在香港出生成長的，但是兩人的中文學習成就深受父母當初為她們選擇小學所影響。F的父親有「先見之明」，認為以中文教學的學校是子女習得中文和融入主流社會的最佳途徑，於是決定送F到一所主流小學

進修。F很快融入並成功發展一定的中文溝通和學習能力。完成小學階段，她的父親再為她報讀一間以英語教學的指定中學，藉此提升英文水平，同時繼續進修主流中文。最終她在香港中學文憑考試中國語文科取得2級，其中說話更取得5**的佳績（表3.1）。F非常感激父親當初讓她入讀主流小學。

M的父親是巴基斯坦人，母親是菲律賓人，兩人都不懂對方的語言，英語遂成為主要的家庭語言。最初父母為了讓M更易適應學校生活，於是為她選擇了一所以英語教學的幼稚園。當他們發覺M有很好的適應能力，便決定安排她在小學一年級轉往一所以中文教學的小學進修。在新學校，M並不害怕中文，且樂意跟同學一起學習。她雖然得到老師的關顧和支持，卻無法獲得同學接受。在同學長期排斥下，M無法忍受，於是變得脆弱而影響了其中文二語的習得（von Grünigen, Perren, Nägele, and Alsaker, 2010），兩年後要求父母把她轉到一所英語教學的國際學校。父母知道女兒對學習中文仍念念不忘，又為M找到另一所提供中文課程的前指定小學繼續進修。雖然該校只提供淺易的中文課程，但可讓她在升上中學後仍持續進修《中文第二語言》課程，並在普通中學教育文憑（GCSE）中文考試取得A*成績（表3.1）。

由F和M兩人的中文學習歷程及成就可見，少數族裔家長不一定要懂得中文，但不固執於族裔文化、對中文持正面態度、為子女選擇適合的學校及給予無限支持，是不可或缺的條件。研究發現學生獲得父母的支持，會更勤力學好第二語言（Gardner, 1960, 1985）。然而他們也需要學校提供適合的課程、老師的關顧和同學的接納，才可成功融入主流社群，從容學好中文。

4.1.2　學校的影響

Ting-Toomey（2005）認為學校對新一代青年移民影響最為深遠，在悠長的學習過程中，學校既可以幫助他們適應社會，但亦可以窒礙適應過程。他們認為政府資助學校的老師對少數族裔的學生有着不同的接納程度：在校內，老師對他們關心與否；在班內，本地學生的友善或不友善態度，都是會影響他們的文化適應。很多在英國公立學校進修的少數族裔學生得不到老師的支持和關心（Rhamie, 2007），在香港也有類似研究發現（Loper, 2004）。F和M比較幸運，遇到關心和悉心教導她們的老師；但面對班內本地學生的態度，兩人的遭遇顯然不同，F完全被同學接納，M則要忍受同學排斥兩年，結果仍不能獲得接納而被迫轉校。

學校提供的中文課程也會影響學生的學習表現。2000年初，各中、小學發展的校本中文課程屬起始階段。在本研究的中學，最初收錄的少數族裔學生的中文能力遠低於應有水平（Erni and Leung, 2014），除了那些來自主流小學的少數

族裔學生有能力修讀主流中文，其他來自指定小學的學生只能修讀該校編制的《中文第二語言》課程。該校的中文老師雖缺乏相關師資訓練，但對少數族裔學生表現關懷、愛護、支持和鼓勵，故能提升學生的自我效能，並於教學上起着正面作用 (Hue, 2010)，維持學生的學習動機。

4.1.3 族群的影響

　　族裔社群除提供機會讓少數族裔互相照應 (Erni and Leung, 2014) 外，對少數族裔的成長也有正面的影響，既幫助他們認識族裔文化，建立族裔身份，更保留族裔語言。亦有研究指出族裔社群有助少數族裔年輕一代加強適應力，於移居地克服學習困難，他們甚至開辦補習班，幫助少數族裔逆境自強 (Rhamie, 2007)。但據F和M反映，他們的父母和同族並不能在中文方面提供幫助。究其原因，他們的父母要不是第一代移民，便是回歸前在學校不用進修中文，無從在家為子女補習中文。但這並不表示Rhamie (2007) 的説法有誤，當這一代少數族裔學生發展了中文能力，便有條件為自己的子女補習中文，並能在族裔社群中幫助其他族裔子弟補習，提高他們的中文水平。

　　族裔社群固然可以維繫和支持寄居異地的少數族裔，但同時亦有可能窒礙少數族裔融入主流社會，影響他們的中文習得。在本研究中，P同學本來跟隨家人先後在元朗區和佐敦區的族裔社群定居，他的父親雖然不懂中文，但為了讓下一代更易融入主流社會，全家毅然搬遷至沒有尼泊爾人家的油塘區。這對P來説，固然有利發展社會身份認同，尤其有助他在大學進修時期與華語同學融洽相處；但他的族裔身份並沒有因此而消減，他經常回到族裔社群參與志願工作，協助同族舉辦活動。P的同族親戚很多都轉往英國定居，而他仍然選擇留居香港。

　　G同學是印度人，他的父母是第一代移民，移居香港後即決定全面融入主流社會，選擇與華人為鄰，在本地機構跟華人工作，和他們交朋友，學習他們的語言。G的母親經常帶他和兄長到家旁的遊樂場跟本地小孩子玩耍，又讓他們入讀華人為主的幼稚園，目的是要讓他們盡早融入主流社會。G雖然很少跟隨父母參加族裔社群活動，也較少到印度廟祈福，但他並不抗拒族裔文化，在家仍以印度語跟家人交談，他亦喜歡觀賞印度影片，甚至樂意在學校盛大活動中穿上印度傳統服裝，表演印度民族舞。

　　香港的族裔社群雖然暫時未能幫助少數族裔克服學習中文的困難，但在本研究發現族裔社群確能有效維持族裔文化和語言的發展，並培養少數族裔的雙重文化身份觀念，有利融入主流社會。

4.2　內在因素

4.2.1　文化適應與身份認同

少數族裔移民在主流社會均面對如何保留族裔文化並流傳到下一代的問題（Inman and Walker, 2007）。少數族裔子女如得到父母的支持，會有利他們培養族裔文化及自我效能的觀念，從而有助面對和解決困難（Swenson and Prelow, 2005）。如果主流社會的政府能夠鼓勵少數族裔移民保留他們的族裔文化，這樣不但不會產生少數族裔邊緣化或同化的問題，反而有利他們通過文化適應過程，發展雙重文化身份，有利融入主流社會及習得當地語言（Berry et al., 2006）。

F和M自小承襲伊斯蘭教文化，嚴格遵守伊斯蘭教規，須在校服外加穿長褲和披戴頭巾，每天在校指定時間禱告，只進食halal的食物，並在齋戒的日子整天不吃不喝。究竟這些教規會否影響她們的學習和與同學的相處？兩位同學不約而同認為這些習俗對學習不會造成不便，與同族裔同學相處固然更見投契，與其他族裔或本地華語同學相處也是一種發展良好關係的機會，因為同學不但尊重她們的信仰，而且在進餐時更提醒他們個別食物不宜進食，表現了同儕互相關懷之情。由此可見，文化適應是雙向的，少眾和主流除了互相尊重和包容外，更需各自加以調適，才可達到真正和諧共融的效果。

4.2.2　多重文化身份的建立有利二語學習

少數族裔的社會身份認同會隨着學習環境的遷移而改變（Swann and Bosson, 2010）。本研究更發現如果少數族裔學生自小在以中文教學的學校學習，他們所處的文化環境相對更有利發展中文口語能力。F從幼稚園到小學都與本地華語學生一起學習，早已適應主流社會文化，並說得一口流利的粵語。縱使升讀以英語教學的中學，接觸的全是其他族裔的同學和文化，但無損她建立的中文身份認同，反而提供良機讓她發展多元語言身份。她的中、英雙語水平所發展的社會身份和話語權（Peirce, 1995），足以令她在謀職方面能夠與僱主議價。

4.2.3　由缺乏語境的中文學習到融入主流社會

R同學的情況較為特別，她的家長原打算讓她出國升學，所以安排她到一所以英語教學的小學就讀。該校為少數族裔提供較高水平的中文課程，R因而有機會進修主流中文，在升讀中學後仍可繼續，並且在香港中學文憑考試取得1級成績（表3.1）。R學習中文的歷程跟F不一樣，F在小學為了與老師和本地同學溝通而想學好中文，成功建立融合性身份；R以英語跟老師與其他少數族裔的同學溝

通，則有助建立多文化/跨文化的身份，中文對她來說只是一種外語學習。對於R而言，在升讀中學後，遇上愛說中文的F，小學習得的中文可以大派用場。她們除了在中文課堂以中文溝通，課堂以外亦以中文交談，這對R而言，是另一種中文語境歷練。不但如此，R從沒想到可以在父親經營的餐廳幫忙把餐牌翻譯成中文，更能以流利的粵語向顧客介紹印度食物的特色，並為他們點菜，從而獲得父親的讚賞。她更表示習得的中文還有其他用途：在家有時會用粵語和弟弟分享一些不想讓母親聽明白的事情，在外可以隨意參加一些本地人主辦的興趣班。可見外語學習可發展成為融入主流社會的第二語言，而成功融入社會更令二語水平得以提升。

　　R同學的中文學習經歷可與Dörnyei（2009）、Dörnyei et al.（2006）和Dörnyei and Ushioda（2009）的「第二語言動機自我系統」理論互相印證。Dörnyei認為只要學習環境的組合理想，包括老師、課程、同儕和學習成功經驗等，如此一來，縱使校內課堂缺乏第二語言的語境，第二語言學習者仍能維持高度的學習動機和適應力。R通過「中文學習經歷」，建立「應然第二語言自我」，由小學階段背誦老師所授中文，以至中學階段得知自己中文水平偏低而努力不懈，均能激發其二語學習動機。當她期望能夠以中文與他人交談，及翻譯菜單的時候，不期然地由「應然我」發展為「理想我」。R與F的中文學習經歷雖不一樣，但卻殊途同歸，最終二人都成功融入主流社會文化。

4.3　內外因素互動關係

4.3.1　學習動機內化對中文作為第二語言學習的重要

　　少數族裔學生最初學習中文的動機，多源於父母的期望和老師的賞罰等外在因素。然而，這些外在動機不能長久維持；此外，要不斷以興趣來引發學習者的內在動機，也不切實際。因此，很多學者關注如何突破外來控制而讓學習動機得以內化，令二語學習者的學習活動得以長久而有效維持。

　　Ryan and Deci（2000）在所提出的「自我決定理論」（self-determination theory）中指出外在動機可漸變為不同程度的自主調節階段，由「外在動機」（extrinsic motivation）內化為「內攝調節」，再進展至「認同調節」及「融合調節」，最終達到「內在動機」（intrinsic motivation）。學習者由最初受到父母、老師及同學等外在因素的影響，經過內在因素的調適，發展自我效能及自我觀念，提升學習動機。他們的主張與Gardner的「融合性動機理論」及Dörnyei主張由外在的學習經歷，逐漸發展「應然我」以至「理想第二語言自我」理論相近。參與本研究的少數族裔同學，最初均由外在動機開始，為了滿足父母和老師的要求而學習中文，

逐漸通過內攝調節為「應然我」，把學好中文視為自己的責任；當他們發覺中文可以達到自己期望的目的，通過認同和融合調節而進一步內化為「理想我」或「融合我」的高度自主學習動機。除了R同學憑着「理想我」的發展習得中文，成功融入主流社會，G同學也有類似經驗。G雖然進修淺易的《中文第二語言》校本課程，學校也欠缺中文語境，但他自小便立志當警察，並得知有關職業需要中文資格，遂本能地通過認同與融合內化調節，發展「理想我」的學習動機，縱使在大學不用修讀中文，仍然進修校外中文課程，終如願以償，其中文資歷獲得認許而成為警隊督察。

4.3.2　內外因素互相影響

本研究致力探索少數族裔學生在各種內外因素和學習經歷互動中建構的身份認同，以及學習中文第二語言。而各種因素的互動關係與Bandura（1989）的「社會學習理論」（social learning theory）主張頗為吻合。「社會學習理論」指出環境（外在因素）、個人因素（內在因素）及行為（學習經歷）三者會互相影響決定，稱為「三元交互決定論」。他認為行為受環境影響，但行為亦會反過來影響環境，例如學生的學習行為和家長的鼓勵或老師的教學互相影響，而且是合理的互動，當學生得到家長或老師的鼓勵和讚賞，便會努力向上；學生的學習表現也會因此令家長及老師更加有信心支持和教導學生。

個人因素是指個性與觀念而言，受着環境的影響而得以發展。學習者除了受到父母和老師的影響外，他們也會觀察朋輩的表現而加以學習和模仿，從而適應所處的環境，有效建構融合性社會身份，發展自我效能和對第二語言的正面態度，從而提升學習第二語言的能力。M和F雖然獲得家長和老師的支持，但在與同儕的相處方面，兩人遭遇卻截然不同，M因不獲同儕接納而窒礙其中文習得。至於個人因素的身份認同及自我效能，與學習行為的關係更為密切。個人明顯的身份認同和自我效能有助提升學習中文的動機，而其學習成就反過來亦加強個人的信心和自我效能。

五、結語

主流社會對少數族裔常抱有負面的模式化（stereotype）看法，往往一概而論，認為少數族裔應該自我調適，學好中文，融入主流社會（Thompson, 2014）；否則便是不合群，欠缺學習動機。這是不了解文化差異，不懂互相調適融合的結果。有關當局或須重新估量形勢，打破固有模式化的觀念，對教學語言政策作出調適，以符合少數族裔學習第二語言的需要。

對於少數族裔學生而言，他們主要關心如何適應新的環境，如何跟不同文化和不同人建立關係，融入主流社會。第二語言習得成為他們在學校跟老師和同學溝通的工具。如果他們在家中或學校的環境能夠獲得家長和老師的支持，從而為他們提供有利自主學習的環境（Chirkov and Ryan, 2001），這會有助他們勇於面對文化和語言的逆境，發展並維持學習動機和適應力，最終建立文化身份認同與第二語言能力，這些都是值得家長和老師留意。

參考書目

叢鐵華（2008）。〈香港少數族裔學生學習中文調查〉。載於課題組（主編）：《2007年中國語言生活狀況》（頁281–289）。北京：商務印書館。

Bandura, A. (1989). Social cognitive theory. In R. Vista (Ed.), *Annals of child development: Vol. 6. Six theories of child development: Revised formulations and current issues* (pp. 1–60). Greenwich, CT: JAI Press.

Berry, J. W. (2011). Integration and multiculturalism: Ways towards social solidarity. *Papers on Social Representations*, *20*, 2.1–2.21.

Berry, J. W., Phinney, J. S., Sam, D. L., & Vedder, P. (2006). Immigrant youth: Acculturation, identity, and adaptation. *Applied Psychology: An International Review*, *55*(3), 303–332.

Chirkov, V. I., & Ryan, R. M. (2001). Parent and teacher autonomy-support in Russian and U.S. adolescents: Common effects on well-being and academic motivation. *Journal of Cross-Cultural Psychology*, *32*(5), 618–635.

Cummins, J. (2000). Second language teaching for academic success: A framework for school language policy development. http://www.isd.su.se/polopoly_fs/1.83995.1333706309!/menu/standard/file/2000_19_Cummins_Eng.pdf

Dörnyei, Z. (1998). Motivation in second and foreign language learning. *Language Teaching Research*, *31*, 117–135.

Dörnyei, Z. (2009). The L2 motivational self system. In Z. Dörnyei & E. Ushioda (Eds.), *Motivation, language identity and the L2 self* (pp. 9–42). Bristol, UK; Buffalo, NY: Multilingual Matters.

Dörnyei, Z., Csizer, K., & Nemeth, N. (2006). *Motivation, language attitudes and globalization: A Hungarian perspective*. England: Multilingual Matters.

Dörnyei, Z., & Ushioda, E. (2009). *Motivation, language identity and the L2 self*. Bristol, UK; Buffalo, NY: Multilingual Matters.

Ellis, R. (1997). *Second language acquisition*. Oxford: Oxford University Press.

Erni, J. N., & Leung, L. Y.-M. (2014). *Understanding South Asian minorities in Hong Kong*. Hong Kong: Hong Kong University Press.

Gardner, R. C. (1960). *Motivational variables in second-language acquisition*. Unpublished PhD thesis. McGill University, Canada.

Gardner, R. C. (1985). *Social psychology and second language learning: The role of attitudes and motivation*. London Arnold.

Gardner, R. C., & Lalonde, R. N. (1985). Second language acquisition: A social psychological perspective. Paper presented at the Annual Convention of the American Psychological Association, Los Angeles.

Hue, M. T. (2010). Educational planning for school guidance: Teachers' narratives of the diverse needs of ethnic minority students in Hong Kong secondary schools. *The Journal of the International Society for Educational Planning, 19*(2), 34–45.

Inman, A. G., & Walker, J. A. (2007). Cultural transmission: Influence of contextual factors in Asian Indian immigrant parents' experiences. *Journal of Counseling Psychology, 54*(1), 93–100.

Ku, H.-B., Chan, K. W., & Sandhu, K. K. (2005). *A research report on the education of South Asian ethnic minority groups in Hong Kong*. Hong Kong: Centre for Social Policy Studies, Department of Applied Social Sciences, The Hong Kong Polytechnic University and Unison Hong Kong.

Kwong, T. W. L. (1983). *Study of language use and language loyalty among school age Indian and Pakistanis in Hong Kong*. Unpublished MA thesis, The University of Hong Kong, Hong Kong.

Loper, K. (2004). *Race and equality: A study of ethnic minorities in Hong Kong's education system: Project report and analysis*. Hong Kong: Centre for Comparative and Public Law, The University of Hong Kong.

Ogbu, J. U. (2000). Adaptation to minority status and impact on school success. In J. Noel (Ed.), *Sources: Notable selections in multicultural education* (pp. 54–61). Guilford, CT: Dushkin/McGraw-Hill.

Ogbu, J. U., & Simons, H. D. (1998). Voluntary and involuntary minorities: A cultural-ecological theory of school performance with some implications for education. *Anthropology & Education Quarterly, 29*, 155–188.

Pajares, F., & Schunk, D. H. (2002). *Self and self-belief in psychology and education: A historical perspective, improving academic achievement*. New York: Academic Press.

Peirce, B. N. (1995). Social identity, investment, and language learning. *TESOL Quarterly, 29*(1), 9–31.

Rhamie, J. (2007). *Eagles who soar how black learners find the path to success*. Stoke-on-Trent, UK; Sterling.

Ryan, R. M., & Deci, E. L. (2000). Intrinsic and extrinsic motivations: Classic definitions and new directions. *Contemporary Educational Psychology, 25*(1), 54–67.

Schumann, J. H. (1986). Research on the acculturation model for second language acquisition. *Journal of Multilingual and Multicultural Development, 7*(5), 379–392. doi: 10.1080/01434632.1986.9994254

Sharma, A. (2012). *Low-income South Asian parents' concept of 'making it' in Hong Kong*. Unpublished PhD thesis. The University of Hong Kong, Hong Kong.

Swann, W. B., & Bosson, J. K. (2010). Self and identity. In S. T. Fiske, D. T. Gilbert, & G. Lindzey (Eds.), *Handbook of social ssychology* (5th ed., pp. 589–628). Hoboken, NJ: John Wiley.

Swenson, R. R., & Prelow, H. M. (2005). Ethnic identity, self-esteem, and perceived efficacy as mediators of the relation of supportive parenting to psychosocial outcomes among urban adolescents. *Journal of Adolescence, 28* (465–477).

Thompson, R. J. (2014). *Beyond reason and tolerance: The purpose and practice of higher education*. New York: Oxford University Press.

Ting-Toomey, S. (2005). *Understanding intercultural communication*. Los Angeles, CA: Roxbury Publishing Company.

von Grünigen, R., Perren, S., Nägele, C., & Alsaker, F. D. (2010). Immigrant children's peer acceptance and victimization in kindergarten: The role of local language competenc. *British Journal of Developmental Psychology, 28*(3), 678–697.

第二部分：
課程設計和教學實踐的研究

第 *4* 章

照顧非華語學生的學習差異：進一步探索分層課程的理論、發展與實踐

羅嘉怡、謝錫金

　　傳統的課堂模式，不論學生的能力如何，都是採用相同的課程和評估標準，忽略了學生的獨特性和學習差異，對老師教學和學生學習都不理想。隨着香港政府推行免費普及教育、融合教育，以至取消為非華語學生而設的指定學校，課堂上學生學習差異的情況愈趨明顯。

　　當非華語學生在主流學校跟華語學生一起學習以母語為標準的中文課程，老師們既要照顧班上原有的華語學生在學習上的差異，更要兼顧非華語學生的學習困難和需要，他們所面對的困難是難以想像的。

　　本文討論分層教學概念及其框架，並以中文第二語言的學與教為例，探討其在設計校本課程、教學目標、教材、學與教過程、評估，以至文化層面等的應用和實踐，為照顧多元學習需要的學生尋找出路。

　　關鍵詞：中文作為第二語言；照顧學習差異；分層概念；課程設計；多元文化

一、前言

　　人類天生便存在差異（謝錫金，2012）。傳統課堂要求所有學生採用相同的課程框架，忽略其獨特性，沒有考慮學習差異（Pilten, 2015），對學與教都不理想（謝錫金、羅嘉怡，2014；Tomlinson, 1995, 2001; Vygotsky, 1978）。

　　香港自1978年起推行免費普及教育（教育局，2017），1997年再推行融合教育（inclusive education）（教育局，2014a），雖有利培育人才，但課堂上學生的學

習差異愈趨明顯。因此教育局（2004）指出，教育界要致力幫助每位學生有效學習。平等的真正意義不是指所有學生都接受相同的教育，而是指有不同需要的學生都得到適當的指導，發揮所長。

近年很多外國人選擇來香港定居，當中又以來自東南亞國家佔多數。為了融入社會，他們讓孩子入讀本地主流學校，以期能學好中文，使未來有更佳的發展。從2013年香港政府取消為非華語學生而設的指定學校後（教育局，2014b），取錄非華語學生的中學從31間急增至超過200間（Erni and Leung, 2014）。他們學習中文的需求殷切，惟中文作為表意文字，語言系統與他們的母語和英語等拼音文字有明顯分別，學習上困難重重（Everson, 1998; Loh, Mak and Tam, 2015; Loh and Tam, 2017）。非華語和華語學生一起學習主流中文課程，老師要照顧兩者的學習差異，困難甚大。

本章希望在前人的研究成果這基礎上，探索如何把分層概念實踐在這種獨特的課堂環境內，期望能為未來的課程發展尋找出路。

二、分層（Differentiation）教學理論

分層教學啟發自Vygotsky（1978）的**社會文化論**（socio-cultural theory）。Vygotsky指出學生需要通過互動來學習，但由於能力差異，所以老師應按他們**的近端發展區**（zone of proximal development）挑選適合的學習內容，並提供鷹架（scaffolding）輔助。他的學說啟發Lave and Wenger（1991）發展出**合法的邊緣性參與論**（peripheral legitimate participation），建議老師給弱能力學生安排簡單的小組活動任務。藉着參與這些邊緣活動，學生可先熟習小組的運作模式和學習任務，待逐漸適應後，再提高他們的參與度和任務的難度。

及後，Tamlinson and Kalbfleisch（1998）根據**腦基礎學習論**（brain-based learning theory）提出分層教學的三個原則：（1）令學生感到學習環境安全和沒有恐懼；（2）學習內容的難度適中，給予新學習經驗時，表達方法要合適，令學生有成就感；（3）明白所學內容的意義，與學生本人的關係，並掌握相關的概念和技巧。

事實上，Maslow（1987）的**需求層次論**（theory of hierarchy of needs）指出只有基本需求（即安全感）得到滿足後，我們才能追尋更高層次的需求（即自信心和實現理想）。若老師能夠布置上述第一、二項所描述的學習環境，學生便能追求最高層次的需求，即成就感（esteem）和自我實踐（self-actualization），尋獲個人意義（feeling personal meaning）。

　　Tomlinson（1995, 2001, 2010）、Sousa and Tomlinson（2011）進一步提出分層課程設計的框架，涵蓋教材、教學策略、課堂活動、分組安排、評估方法等，環環相扣。他們指出重點是老師要充分把握課程的要旨，把核心內容連繫學生興趣，積極回應他們的學習需要（a teacher's response to learner needs）（頁9），教學思維要靈活變通，信任學生，尊重他們的差異，明白不同方法也能達到相同的學習目標（Tomlinson, 1999）。

　　本章試以Sousa and Tomlinson（2011）的理論，簡介分層設計的原則，並以一所主流學校為例，討論實踐方法。

三、分層課程的設計與實踐示例

3.1　學校背景

　　先導學校共有300位學生，非華語學生只有5人，佔全校1.6%，分布在不同級別。參與的中一班共30人，只有兩位非華語學生，一位來自菲律賓，中文程度較好，能閱讀約200字的短文，運用較豐富的詞彙和句式寫作，但自信心不足。另一位來自英國，能說聽中文；惟識字量少，讀寫能力弱，學習態度消極。班上還有幾位有特殊學習需要學生。學校使用出版社的教科書，但對非華語學生來說程度過深。

3.2　地區課程、校本課程與分層課程

　　課程是一個宏觀概念，包含教學目標、教材、學與教、評估四大元素。Sousa and Tomlinson（2011）、謝錫金和盧偉成（2016）均指出優質的課程必須包含核心學習目標和內容，學與評要配合，緊記：(1) 學習內容要有系統、連貫性和真實感；(2) 學生是獨立的個體；(3) 學習內容連結學生的經驗。

　　先導學校釐定中文課程時，先參考《課程大綱》（教育局，2007），並根據校情調適，老師們再按班本情況微調。校方又採用《為非華語學生而設的校內評估工具》（課程發展處，2010）評估新生的中文能力，作分班和教學前診斷之用。此外，科組定期舉行會議，檢視學生的進展，微調單元重點、教學策略、課業和評估標準。

　　本示例是記敍單元，主題是人間有情，課文是魯迅的《風箏》。

表 4.1：分層教學設計舉隅

教學主題	學習篇章	聆聽重點	說話重點	識字重點	閱讀重點	寫作重點	綜合運用	課後練習
本地生								
記敘的方法——人間有情	《風箏》	1 聽出話語的順序 2 聽出內容的前後關係 3 視聽資訊：了解影片的內容和情節 4 綜合訓練：概括話語要點	1 說故事訓練：運用學過的記敘方法（即順敘、倒敘或插敘） 2 學習個人短講：運用恰當的措辭 3 綜合訓練：準確地表達意思、抒發感情	1 「心（忄）」部件 2 詞語：課文詞語 3 標點符號：破折號 4 詞性：結構助詞、語氣助詞、數詞	1 記敘方法：順敘、倒敘和插敘 2 綜合訓練：歸納主旨；掌握作者的思想感情；比較不同作品的內容和作法	1 運用句式「不但……並且……」造句 2 運用不同的記敘方法寫作：順敘、倒敘和插敘、創作故事 3 綜合訓練：仔細審題、認真構思，反覆修訂；題目：《一次誤會》/《蛻變》	1 記敘方法：順敘、倒敘和插敘 2 運用學過的記敘方法說故事 3 實用文：通告	1 單元工作紙 2 課後練習 3 默書 4 補充練習
非華語學生								
		1 聽出話語的順序 2 聽出內容的前後關係 3 視聽資訊：了解影片的內容和情節 4 綜合訓練： • 複述話語內容 • 概括話語要點	1 說故事訓練： • 順敘法 • 運用學過的記敘方法（即順敘或倒敘） 2 個人短講： • 運用提供的詞語 • 運用恰當的措辭 3 綜合訓練： • 準確地表達想法和感情	1 認識和運用「心（忄）」部件 2 學習和運用關鍵詞語 3 詞性：語氣助詞、數詞 4 擴闊詞彙網絡	1 記敘方法：順敘和倒敘 2 綜合訓練：理解中心思想；掌握作者的思想感情	1 運用句式「不但……並且……」造句 2 運用順敘法記一次會的經歷，創作故事 3 運用學習過的關鍵詞 4 綜合訓練：仔細審題，認真構思，反覆修訂；富創意地寫作：《一次誤會》	1 記敘方法：順敘和倒敘 2 運用學過的記敘方法說故事 3 實用文：通告	1 識字工作紙 2 單元工作紙 3 課後練習 4 默書：課文的關鍵詞 5 補充練習

3.3 分層的教學目標

教學目標是課程的核心，老師要決定核心知識和技能，再設計達成目標的方法，包括挑選教材、教學法、設計課業和評估。規劃分層教學目標時，要了解學生的背景知識、學習興趣和經驗，是否準備好 (readiness) 學習新的知識和技能等，方法是進行學前評估 (pre-assessment)。

常用的學前評估包括：(1) 口頭提問；(2) 口述心理詞彙；(3) 小組討論，提取學生的想法和背景知識；(4) 寫一篇與主題相關的日誌 (journal)；(5) 填寫 KWL 表格 (what you know [K]，what you want to know [W] and what you have learned [L] chart)；(6) 運用標準化的評估工具等 (Bransford, Brown, and Cocking, 2000)。老師可以為學生製作學習歷程檔案，紀錄學習策略、偏好、強弱項、學習需要等 (Tomlinson, 1995)，對學生有充分了解，設計分層課程時自然得心應手。

單元目標是認識記敍的方法——順敍、倒敍和插敍，引領聽説、識字、讀寫和綜合能力發展 (詳情請參閱表4.1)。學前診斷結果顯示，非華語學生識字量少，讀寫能力弱，學習態度被動 (即**現有水平**)。為了減輕學習壓力，他們只需學會順敍和倒敍便達標，若能學會插敍更佳 (即**要掌握的核心知識或概念**)。順敍法與倒敍法有明顯分別，他們熟悉順敍法 (即**背景知識和過去的學習經驗**) 後，相信通過對比，能找出兩者的差別 (即**是否準備就緒**)。希望他們能運用順敍法、所學詞語和句式，寫一篇記敍文。兩位非華語生的能力有差距，為了避免**封頂效應** (ceiling effect)，老師鼓勵他們嘗試與華語生的學習目標看齊，希望拉近他們與華語生的距離。

針對學習難點，老師加強拓展詞彙網絡，學習「心 (忄)」部件構成的詞語和教材中的關鍵詞，配合識字工作紙和默書，確保他們達成學習目標 (見表4.1)。

3.4 分層的教材

學者建議採用多元化教材，以配合學生的能力和興趣 (Tomlinson and Allan, 2000)。例如紙本材料與視聽材料配合；學生製作自己的字詞表[1]；採用分級閱讀材料 (graded reading materials)；使用篇目相同但文類不同的材料 (Anderson, 2007; Pilten, 2015)，如《小王子》中譯本、中英對譯本、簡化本、圖畫書、漫畫等；由非華語學生創作故事書 (Loh, 2016; Loh, Mak, & Tam, 2015; Loh, Tam, & Lin, 2016)，或不同能力學生使用不同難度的教材 (謝錫金、李浚龍、羅嘉怡，

---

1. 請參閱本書〈讓學習者共同開發學習內容：「動中文 mLang」教學法——以移動科技輔助中文作為第二語言學習〉，了解如何運用資訊科技製作個人化的字詞表。

2012) 等。香港學校多採用出版社的課本，若為非華語學生設置中文作為第二語言課程，則多採用大學出版的教材，或自編教材。

先導學校使用出版社的課本，分層設計時可以選取篇目相同但文類不同的材料。此外，老師亦可以根據學生的知識、能力、學習需要等，從教材中挑選合適的學習重點 (林偉業、李浚龍，2012)。

教材是魯迅的《風箏》。校方希望收窄非華語生和華語生的差距，並顧及評估範圍，故此老師不會為非華語學生簡化課文，但會以說故事的方式促進理解；深奧的詞語會提供英文解釋。此外，老師認為第三至五段屬關鍵段落，涉及文章的主旨，以及作者的思想和感情變化，全體學生都要精讀；非華語生則略讀其餘部分，了解大意便行。

課程內一些經典文學作品，例如朱自清的《背影》，表達方式並非學生熟悉的，譬如「勾留了一日」、「心裏暗笑他的迂」等，老師宜用淺白的語言解釋，相信華語和非華語學生都會較容易理解。

有些老師會把課文改寫成簡化版，建議設定適當的進程，例如單元一只保留原文50%內容，若學生的表現理想，單元二可以保留55%至60%的原文。有準則地簡化課文，那麼監察學習進度和提高學習要求時便有所依據了。

3.5　分層的學與教過程

Sousa and Tomlinson (2011) 認為設計分層學與教時，重點是給學生適當的學習經歷，從而理解學習內容，掌握學習策略。因此，老師構思教學計劃時，必須考慮教學目標、教材特點、學生特質，以挑選合適的教學法、規劃學習活動、營造學習環境、設計課業。

挑選教學策略方面，老師應考慮其彈性和包融性，特別是能否配合分層教學目標，以減輕實踐時的難度。香港一些學者便曾於中小學 (謝錫金等，2012；謝錫金、黃敏瀅、羅嘉怡，2012)、幼稚園 (陳聲珮、譚雲珍、謝錫金、許翠歡，2015；謝錫金，2015；謝錫金、羅傑瑩、梁昌欽，2015)、特殊學校 (謝錫金、張張慧儀、羅嘉怡、呂慧蓮，2008；謝錫金、張張慧儀、許守仁、呂慧蓮，2015)，進行分層識字和閱讀教學，成效卓著。此外，讀者亦可參考本書介紹的幾個創新教學策略，包括**閱讀促進學習** (reading to learn) 教學法、戲劇教學法、mLang動中文教學法等。

先導學校的老師希望營造熱鬧的課堂氣氛，又希望為學生製造同儕學習的機會。考慮到《風箏》是一篇記敘文，故事性強，學生的難點是揣摩角色的情感變化。因此，研究團隊建議老師採用戲劇教學法——**凝鏡**和**思路追蹤**；這兩個教學策略易於調節對學生口語表達和理解能力的要求：不能講的多做 (即**凝鏡**，

沒有對白，只做動作)，能講的多講(即**思路追蹤**，學生說出角色的心情和變化)。

　　老師採用異質分組(即組員包括不同能力的學生)進行小組活動，分組閱讀第三至五段的內容。根據課堂觀察，在準備階段，華語學生積極協助非華語學生理解段落大意，熱烈討論作者和弟弟的思想感情，達到發揮同儕學習的目的。進行戲劇教學活動時，學生主動歸納和複述文本重點，老師板書學生在思路追蹤時口述的詞語，配合講評，很容易便凸顯了兩個角色在不同階段的情感變化，體現文章的中心思想。

　　不過，非華語學生不知道何謂風箏。故此本單元開始時老師播放了製作風箏和放風箏的視頻，為他們建立內容圖式(schema)。

　　為了幫助學生拓展所學，老師要求華語生比較本章和其他記敍文，特別是敍事手法，從而帶出順敍、倒敍和插敍三種敍事方式。非華語生則從學過的記敍文中，舉出用了順敍法和倒敍法撰寫的文章。

　　課業方面，老師設計了識字工作紙。非華語學生需要從文章中抄出「心(忄)」部件構成的漢字，組字成詞，再挑選其中一個詞語創作句子(見圖4.1)。華語生和能力較好的非華語生則需要尋找五個成語，當中必須包含由「心(忄)」部件構成的漢字，然後挑選其中三個成語創作句子。

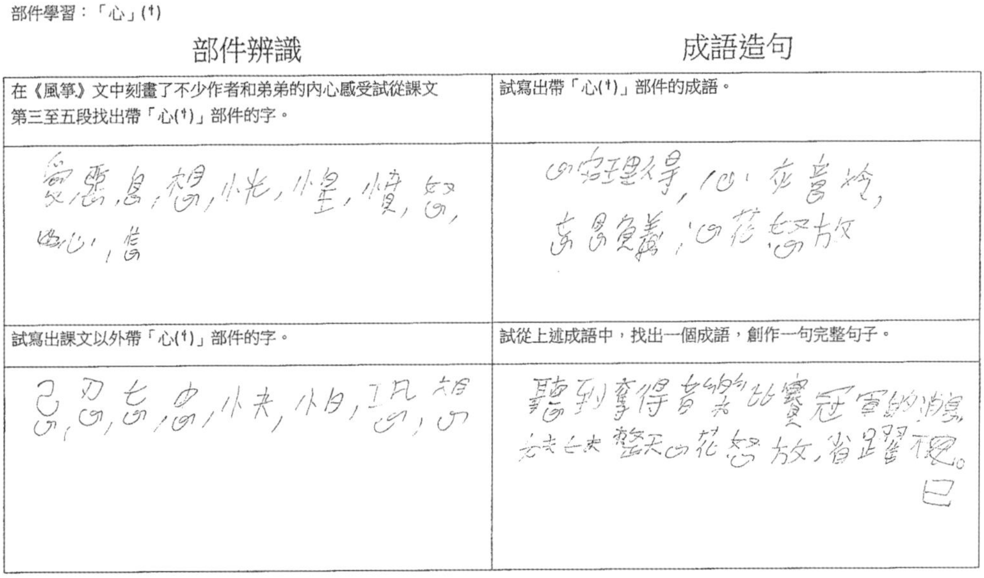

部件學習：「心」(忄)

部件辨識	成語造句
在《風箏》文中刻畫了不少作者和弟弟的內心感受試從課文第三至五段找出帶「心(忄)」部件的字。	試寫出帶「心(忄)」部件的成語。
愛惡，息，想，小光，小堂，懷，怨，幽心，信	四宮理人尋，心灰意冷，志昌意義，四海怒放
試寫出課文以外帶「心(忄)」部件的字。	試從上述成語中，找出一個成語，創作一句完整句子。
己，忍，志，忠，小夫，小白，几，想，四	聽到覺得音樂比賽冠軍的消息，大家七天四花怒放，雀躍不已。

圖4.1：為非華語學生而設計的識字工作紙示例

單元結束前，學生要寫一篇記敍文。華語生需要運用不同的句式和記敍手法寫作，內容和字數的要求較高；非華語生只需用順敍法寫故事，內容和字數要求較低（見表4.1）。

3.6　分層的小組活動

為了達成不同的教學目標，Anderson（2007）提醒我們要採用多元的小組活動，包括二至四人小組；同質和異質小組、先同質後異質（jigsaw）或先異質後同質分組等。較複雜的是**先同質後異質**的設計，方法是讓學生先組成同質小組，按各組別能力閱讀難度不同的文章，討論難度不同的閱讀理解問題；每位成員獲得一個編號。討論結束後，所有學生重新組合，編號相同的學生組成新的小組，向組員報告閱讀重點和討論結果，集合所有人的資料後再完成下一階段的活動。**先異質後同質**的方法類似，只是不同階段組成小組的方法不同而已。

這兩種設計的好處是結合同質與異質分組的優點，老師可以給不同能力的學生最適切的學習內容和課業，改變分組安排時進一步發揮協作學習，變化較多，學生會覺得有趣。不過，老師的事前準備工作較多，構思要充足，方能體現這種分組方法的優點。

3.7　文化層面的分層設計

學校採用主流課程，最大的難點是文章涉及大量中國文化的內容，造成理解上的困難。老師可以參考以下的教學原則。

一般來說，**本土文化**（local culture）較容易理解，例如飲食習慣、娛樂消閒等，非華語生能親身領略香港華人在這些方面的情況。

節日與慶典涉及抽象概念，例如團年飯喻意團圓、清明節拜祭祖先表示尊敬和思念之情等。老師可以請非華語生分享本國的慶祝活動和含意、紀念先人的方式，通過比較異同，明白中國人的習俗和表達方式。

個人與家庭文化（personal and family culture）包括家庭關係、友誼、自尊與自重、個人成就等，層次較高。除了請非華語生分享本國情況，通過比較，明白中國人的習俗和表達方式外，還要注意不同年代的中國人對這些概念也可能有不同的解釋，説明時應多用香港社會目前的標準和生活例子。

在這之上的是**社會文化與溝通**（social culture and communications），包括説話禮儀、流行用語、行為舉止、成語與諺語等。概念雖然抽象，不過説話禮儀、流行用語、行為舉止等均能通過生活例子説明。至於成語等，可以用故事、漫畫、動畫等幫助學習。老師挑選成語時，與生活關係密切的為首選，例

如「手忙腳亂」。此外，以「AABB」（例如歡歡喜喜）或「ABAB」（例如疑神疑鬼）組成的成語，或以數字作開首的成語（例如七嘴八舌），均適合學習。

　　至於涉及**人文價值**（human values），例如中國人表達善意和幽默的形式、邏輯思維、社會的意識形態；以至**歷史文化**（historical culture）、地理等，均屬較艱深的概念。老師可以給能力高的非華語生講解和說明，但不必勉強能力弱的學生學習。

3.8　分層的評估

　　為了了解學生的學習進度，老師多採用進展性評估（formative assessment）和總結性評估（summative assessment）。前者是持續監察學生的學習進度，診斷難點，以調節教學內容和策略；後者則屬單元或學期結束前的總結，並為下個單元或下學期的設計提供方向。

　　分層的進展性評估很多，包括根據Bloom's taxonomy（Bloom, Englehart, Furst, Hill, and Krathwohl, 1956）提出不同層次的理解問題，設計工作紙時加入挑戰題（見圖4.1），鷹架練習等。

　　單元的總結性評估，例如默書安排，先導學校要求非華語生考核關鍵詞，華語生則包括全篇課文。寫作方面，非華語生運用的詞語和句式略為簡單，寫作手法、字數等要求較少。能力再弱一點的學生，可以讓他們用四格漫畫表達故事的起承轉合，再配上單句，或創作小故事；既能幫助他們提取寫作意念，又能減輕對寫作的恐懼。

　　學期的總結性評估，則需要考慮學校能給予的調適空間。Sousa and Tomlinson (2011) 指出教學目標、內容、過程與評估應該是一致的，如果前三者都作出調適，評估亦應該相應調適。有些學校容許老師為非華語生調適教學目標、內容和課業，卻要求他們與華語學生應考相同的測驗和考試，評改標準亦相同。校方可能擔心經調適的評估安排會被投訴不公平，但這對非華語學生同樣不公平，並製造痛苦和挫敗的經驗。

　　作者建議老師可以先分析華語生的試卷，再為非華語學生設計類似的考卷，相信能解決問題。例如考試要求華語生閱讀一篇散文，回答10條閱讀理解問題。老師可以按照這個框架，另擬一份要求相同但難度合適的考卷：文章可取自兒童文學，內容較簡單和有趣，較少生僻字詞和文化元素。閱讀理解問題所考核的能力、題數、分數完全相同（見表4.2）；由於篇章的難度合適，難度亦會降低，並能準確反映他們的學術水平。

　　只有配合學與教的目標和內容，以及難度適中的測考，方能達到促進學習的評估的目的。

表4.2：為非華語學生而設的分層評估設計舉隅

	華語生	非華語生
閱讀理解篇章	一篇散文	一篇兒童文學散文
閱讀理解問題	10題	10題
・詞語釋義	2題	2題
・提取表層信息	2題	2題
・推論	2題	2題
・綜合	2題	2題
・評價	1題	1題
・創意	1題	1題

四、總結

　　不同學校的校情不同，老師可以按照校本、班本的情況修訂課程（見表4.3）。模式一是最低程度的分層設計，只調適學習目標和評估方法。模式二在教學活動上亦加入分層元素。模式三則整個課程都做分層設計，本章介紹的個案便是一例。

表4.3：不同程度的分層課程設計模式

	學習目標	教材	教學活動	評估
模式一	分層	相同	相同	相同（對學生有不同要求）
模式二	分層	相同	分層	分層
模式三	分層	分層	分層	分層

　　分層設計可補現行課程的不足，取代劃一的教學法，才能產生好的學與教效能。信念影響態度，態度影響行為，行為決定結果。只要給學生機會和支持，他們都會是成功的學習者。

　　謹此向所有先導學校、老師、協作同工，關之英博士、潘溫文老師、岑紹基博士、劉珮慈、徐詩琪、廖劍雲、馮寶欣、黎家豪、邱舒敏、莊繞蔓、巫家帆等致謝！

參考書目

林偉業、李浚龍（2012）。分層閱讀教學：分層教材運用個案。見謝錫金、祁永華、岑紹基（編），《非華語學生的中文學與教》，頁37–46。香港：香港大學出版社。

教育局 (2004)。《照顧個別學生差異：共融校園指標》。香港：教香港特別行政區政府教育局。

教育局 (2007)。《中學中國語文建議學習重點 (試用)》。香港：香港特別行政區政府教育局。

教育局 (2014a)。《全校參與模式融合教育運作指南 (第三版)》。香港：香港特別行政區政府教育局。下載於：https://www.edb.gov.hk/attachment/tc/edu-system/special/support/wsa/ie%20guide%20_ch.pdf

教育局 (2014b)。《教育局檔案：EDB (EC) 5/2041/07》。香港：香港特別行政區政府教育局。

教育局 (2017)。《中學教育概覽》。香港：香港特別行政府教育局。

課程發展處 (2010)。《為非華語學生而設的校內評估工具》。香港：香港：香港特別行政區政府教育局。

陳聲珮、譚雲珍、謝錫金、許翠歡 (2015)。跨境幼兒的識字教學調適 (浸信會華恩幼稚園)。見謝錫金、李黛娜、陳聲珮 (編著)，《幼兒綜合高效識字：中文讀寫的理論與實踐》，頁 199–204。香港：香港大學出版社。

謝錫金 (2012)。第二語言中文教學：多層教材與教法理論。見謝錫金、祁永華、岑紹基 (編)，《非華語學生的中文學與教》，頁 15–36。香港：香港大學出版社。

謝錫金 (2015)。《教授説故事：手機應用程式》。香港：香港大學中文教育研究中心。

謝錫金、李浚龍、羅嘉怡 (2012)。分層閱讀教法：中學個案。見謝錫金、祁永華、岑紹基 (編)，《非華語學生的中文學與教》，頁 47–56。香港：香港大學出版社。

謝錫金、張張慧儀、羅嘉怡、呂慧蓮 (2008)。《中國語文課程、教材及教法：面向有特殊學習需要的學童》。香港：香港大學出版社。

謝錫金、張張慧儀、許守仁、呂慧蓮 (編著) (2015)。《滿足不同學習需要的語文課程設計》。北京：北京師範大學出版社。

謝錫金、黃敏瀅、羅嘉怡 (2012)。小學非華語學生分層閱讀教學個案。見謝錫金、祁永華、岑紹基 (編)，《非華語學生的中文學與教》，頁 57–68。香港：香港大學出版社。

謝錫金、盧偉成 (編著) (2016)。《小學中國語文校本課程的創新與突破》。香港：香港大學中文教育研究中心。

謝錫金、羅嘉怡 (2014) (編著)。《怎樣教非華語幼兒有效學習中文》，頁 127–171。北京：北京師範大學出版社。

謝錫金、羅傑瑩、梁昌欽 (2015)。處理個別差異 :故事分層教學。見謝錫金、李黛娜、陳聲珮 (編著)，《幼兒綜合高效識字：中文讀寫的理論與實踐》，頁 89–135。香港：香港大學出版社。

Anderson, K. M. (2007). Differentiating instruction to include all students. *Preventing school failure: Alternative education for children and youth*, 51 (3), 49–54.

Bloom, B., Englehart, M. Furst, E., Hill, W., & Krathwohl, D. (1956). *Taxonomy of educational objectives: The classification of educational goals. Handbook I: Cognitive domain*. New York, Toronto: Longmans, Green.

Bransford, J., Brown, A., & Cocking, R. (2000). *How people learn: Brain, mind, experience, and school*. Washington, DC: National Academy Press.

Erni, J. N., & Leung, L. Y. M. (2014). *Understanding South Asian minorities in Hong Kong*. Hong Kong: Hong Kong University Press.

Everson, M. E. (1998). Word recognition among learners of Chinese as a foreign language: Investigating the relationship between naming and knowing. *Modern Language Journal*, *82*(2), 194–204.

Lave, J., & Wenger, E. (1991). *Situated learning: Legitimate peripheral participation*. Cambridge: Cambridge University Press.

Loh, E. K. Y. (2016). Picture storybooks in teaching Chinese as a second language. *CLCWeb: Comparative Literature and Culture*, *18*(2), 1–7.

Loh, E. K. Y., Mak, M. T. F., & Tam, L. C. W. (2015). The road to successful Chinese language learning: Effective strategies to teaching and learning Chinese characters. In M. S. K. Shum & I. Hills (Eds.), *Infusing IB philosophy and pedagogy into Chinese language teaching*, pp. 174–194. Suffolk, UK: John Catt.

Loh, E. K. Y., & Tam, L. C. W. (2017). Struggling to thrive: The impact of Chinese language assessments on social mobility of Hong Kong ethnic minority youth. *The Asia-Pacific Education Researcher*, *25*(5–6), 763–770.

Loh, E. K. Y., Tam, L. C. W., & Lin, W. Y. (2016). *Developing international mindedness through online collaborative learning: A case study of a web-based bilingual student magazine*. Paper presented at the International Baccalaureate Asia Pacific Annual Regional Conference 2016. Hyderabard, India; March 16–18, 2016.

Maslow, A. H. (1987). *Motivation and personality* (3rd ed.). New York: Harper Collins.

Pilten, G. (2015). A phenomenological study of teacher perceptions of the applicability of differentiated reading instruction designs in Turkey. *Educational Sciences: Theory & Practice*, *16* (4), 1419–1451.

Sousa, D. A., & Tomlinson, C. A. (2011). *Differentiation and the brain: How neuroscience supports the learner-friendly classroom*. Bloomington, IN: Solution Tree Press.

Tomlinson, C. A. (1995). *How to differentiate instruction in mixed ability classroom*. Alexandria, VA: Association for Supervision and Curriculum Development.

Tomlinson, C. A. (1999). Mapping a route toward differentiated instruction. *Educational Leadership*, *57*(1), 12–16.

Tomlinson, C. A. (2001). Differentiation of instruction in the elementary grades. *ERIC Digest: Clearinghouse on elementary and early childhood education*. Washington, DC: Office of Educational Research and Improvement. Retrieved on December 28, 2017; from: https://eric.ed.gov/?id=ED443572.

Tomlinson, C. A. (2010). One kid at a time. *Educational Leadership*, *67*(5), 12–16.

Tomlinson, C. A., & Allan, S. D. (2000). *Leadership in differentiating schools and classrooms*. Alexandria, VA: Association of Supervision and Curriculum Development.

Tomlinson, C. A., & Kalbfleisch, M. L. (1998). Teach me, teach my brain: A call for differentiated classrooms. *Educational Leadership*, *56*(3), 52–55.

Vygotsky, L. S. (1978). *Mind in society: The development of higher psychological processes*. Cambridge, MA: Harvard University Press.

第**5**章

「閱讀及創作之旅：非華語學生與中文圖畫書」計劃回顧與反思

潘温文、何劍翹、Shanila Kosar、祁永華

　　對非華語學生來說，中文圖畫書是一種很好的語文教學媒介。圖畫書本質上是一種透過圖像和文字表達的文學創作，作者通過精煉的文字、動人的圖畫共同表達引人入勝的故事，反映生活的意義和感受，讀者則透過閱讀得到思想和感情的激發和啟示。圖畫書也是有效的文化溝通和啟發反思的工具（Kosar、祁永華、潘温文，2011）。圖畫書對語文教育，尤其對第二語言教育非常有用。本章簡介我們對圖畫書的基本認識，包括圖畫書的特質、圖畫書在少數族裔學生教學的應用、閱讀和創作圖畫書的教學過程，並分享我們部分教學實踐的經驗和對非華語學生作品的初步分析，進一步說明以閱讀和創作圖畫書促進非華語學生中文學習和個人成長的效能。

　　關鍵詞：圖畫書閱讀；圖畫書創作；讀者反應理論；少數族裔教育；多模態文化素養；中文作為第二語言教學

一、研究背景：與非華語學生一起閱讀和創作圖畫書的重要性

　　2011年，研究者開始關注非華語學生學習中文作為第二語言所需要的閱讀文本，發現許多文本的語言比較艱深，內容欠缺趣味，部分內容單薄。因此本計劃研究者致力為非華語學生搜尋適合的文本。最後，研究者選擇以圖畫書作為研究文本，並開展了「閱讀及創作之旅：非華語學生與中文圖畫書」計劃。

　　除了研發圖畫書之外，研究者也關注學校應用圖畫書的實際情況。根據觀察，不少學校只選擇內容簡單的幼童圖畫書，視為一般教科書，老師只專注

於文字和篇章體裁的講解，鮮有安排提升學生的認知思維和情感反應的教學活動，故未能充分利用圖畫書教學來引起學生的學習興趣。其實，不少圖畫書的語言簡潔易讀，文本意義也很深刻雋永。研究者認為選擇圖畫書作為教材應該考慮學習者的心智與語文發展需要。如果學習者是青少年，可以嘗試選擇一些有豐富人文內涵的圖畫書，以喚起他們對生活的思考。

　　本章將回顧在「**閱讀及創作之旅：非華語學生與中文圖畫書**」**計劃**中所用過的圖畫書，論述這些圖畫書如何成為教師和學生之間交流的橋樑，並且說明研究者如何引導學生欣賞並創作圖畫書。

二、文獻回顧

2.1　圖畫書的特徵

　　圖畫書本質上是一種文學創作（literary work），創作者通過精煉簡潔的文字、富有細節的圖畫，講述故事，反映人們對生活深層意義的體會和感受。Bader（1976）指出「作為一種藝術形式，一本圖畫書的關鍵在於圖畫與文字間的依存關係，在於同時呈現的相鄰兩頁的表現方式，在於翻頁所製造的戲劇性。」圖畫書的畫作和文字互相關聯依存，但並不重複。而在圖畫和文字之間，亦往往留白，讓讀者發揮想像空間。Nodelman（2003）區分圖畫書的「故事」為兩大類別，分別為文字講述的故事和圖畫講述的故事。圖畫書的故事和人物，有虛構的，也有寫實的；有以人物為主角，也有以死物或動物為主角。作品可以透過寓言的方式，令故事內容更新奇有趣，刺激讀者更多的想像力，而且文本的隱喻性更高。

　　圖畫書對語文教育，尤其對第二語言教學尤為重要。部分中文圖畫書的文字比較簡潔，有些文本的句式會重複出現，作品可以減輕非華語學生的語言負荷；圖畫書亦可以藉豐富的圖像，多管道激發學生思考和建構意義。故此，學生容易對圖畫書產生反應，教師可以鼓勵學生運用中文分享見解，有效促進彼此的交流。而從創作的角度看，圖畫書可以讓學生同時利用中文和圖畫互相補充表達，發揮多元創造力（Kosar等，2011）。

2.2　「讀者反應論」（Reader-response Theory）

　　傳統的閱讀觀念認為閱讀理解的目的是要理解作者的原意，但是Rosenblatt提出「讀者反應論」，認為讀者需要從這種「作者為中心」的觀念中解放出來（Rosenblatt, 1938, 1978, 1982，見何洵怡，2011）。

Rosenblatt提出閱讀的目標可以大致劃分為兩方面：一方面是「實用的」（efferent），即從文本中擷取它的訊息，注重讀者是否準確明白作者的原意。另一方面則是審美的（aesthetic），即由文本而產生感覺和聯想（見何洵怡，2011），閱讀，更重視讀者從文本中創建的意義。圖畫書本質上是屬於文學的一種，所以閱讀的目標宜兩者兼顧。

2.3 交流過程（Transaction）

Rosenblatt認為讀者對文本的深刻體驗，往往來自讀者和文本的多次交流（transaction），而每次交流均可以讓讀者產生獨特的、不同的感受和發現（見何洵怡，2011）。圖畫書一般篇幅較短，方便讀者多次來回反覆閱讀，有利讀者逐步探索和擴展想像。

如要帶動學生和文本作多次交流，老師可以提出不同的問題，引發學生多次反覆閱讀，深化對文本的理解，從而得到更多的啟發和觸動。教師更可以安排不同的學習活動，如戲劇、朗讀劇場等，引導學生思考文本主題（何洵怡，2011），啟發學生對文本作進一步的詮釋。反覆閱讀也能鞏固學生對詞彙與文句的認識。

除讀者和文本的交流外，更可擴充到圍繞着相同文本的不同讀者之間的交流，這就是「讀者新文本」和「讀者共同體」的概念（寧歡，2016）。「新文本」指的是讀者腦海中的文本，由於加入了自己的經驗和詮釋，已經有別於原作了，所以是一個新文本。「讀者共同體」指的是雖然讀者各自的經驗不同，對文本的詮釋也有差異，但由於閱讀同一份原文，大家便有一個共同的基礎，可以就不同的想法交流和討論。而彼此相互的交流和討論所產生的意義和作用，會超出原作者能意想得到的，其價值不容忽視。

藉着交流不同的「新文本」，教師和學生之間、學生和學生之間，可以分享彼此的生活經驗、對事物的觀念和價值判斷，促進彼此更深的認識與關懷（寧歡，2016），並擴闊各人的視野。

三、圖畫書教學實踐計劃

回顧兩年的圖畫書教學實踐計劃（2009–2011），研究重點在探討如何運用圖畫書訓練學生的閱讀和創作，強化香港非華語學生學習中文作為第二語言。非華語學生既可閱讀現成的圖畫書，也可嘗試創作自己的圖畫書，藉此擴闊他們對世界的認識，也有助他們表達自己的世界觀。

閱讀的重點在於刺激學生作思想交流，讓他們初步認識圖畫書的文本結構和語言特徵，幫助他們日後創作故事。閱讀部分的主要目標不單在於引導學生理解和熟習圖畫書的文字，因為非華語學生日常課堂大多採用教科書，學校已系統地教授基本的中文口語和書面語，以及一些基礎中文詞彙和句式。研究者希望藉着圖畫書教學，為學生增添學習的空間，讓他們綜合運用語言與別人作思想和感情交流。

本計劃開展時，邀請有錄取非華語學生的中學自願加入，請他們在校內嘗試教學實踐。有兩所學校把這項活動作為他們「非華語學生第二語言教學」的正式課堂，而其他學校則提名一些就讀於中一至中三的學生前來香港大學參加本計劃所辦的課程。

本計劃共邀請了來自九所學校共29名非華語學生參與。他們大多是初中學生，有些可以說簡單的中文，但他們平常主要使用英語來溝通。

全部教學實踐課共有十個課節，其中約有三節課是用作圖畫書閱讀，另外七節為圖畫書創作。活動開始時，老師會強調在閱讀圖畫書過程中，學生可以有自己的解讀、詮釋和感受，也可以和其他同學分享自己的生活經驗。學生在分享時不用太在意標準答案，老師會鼓勵他們在其後的討論活動中慢慢修正自己的答案。

完成閱讀後，教師接着引導學生準備圖畫書創作。教師首先介紹圖畫書的基本特質，例如故事的內容結構和繪畫圖畫的基本技巧等。然後讓學生正式創作圖畫書。之後每個學生都將自己創作的圖畫書初稿，向小組成員介紹，並得到同儕的回饋，老師則從旁指導。其後，學生的作品在香港大學展出，創作者更在展覽會場向參觀者講解他們的故事。是次活動的目的是要讓更多公眾人士通過學生創作的圖畫書，更深入地認識非華語學生的內心世界。

在這個實踐計劃中，我們關注以下幾個問題：一、非華語學生可以投入參與閱讀和寫作圖畫書嗎？二、非華語學生製作的圖畫書能反映他們生活的經驗、知識、思想和能力嗎？三、在圖畫書教學和創作過程中，老師和學生遇到甚麼困難以及有哪些解決方法？

以下研究者將分節介紹是次圖畫書計劃的具體實踐過程，並對上述問題作反思。

3.1　圖畫書閱讀過程

課堂開始時，老師會先讓學生瀏覽圖畫書，讓他們初步感知甚麼是圖畫書，然後才開始閱讀。教師鼓勵學生連繫自己的不同生活經驗，互相交流對故

事的不同看法和感受。一般來說，如果學生已懂得部分文字的意思，可以配合圖畫，並採用協作學習的方法，互相幫助理解文本。以下是實踐的教學步驟：

1. 故事的文本內容，可運用引領思維的閱讀策略，以問答形式引導學生猜測文本內容，例如：請學生利用書名和封面作思考，並說出對故事內容的看法。

2. 請學生瀏覽書內的畫作，說出他們看到甚麼；老師亦可幫助學生藉圖畫去加強對文本內容的理解；

3. 學生大致了解文本內容後，便可以請他們進行討論，包括：簡報故事內容大要，或對故事的感受、最喜歡哪些角色和情節、最喜歡哪些圖畫等，並說明原因。

4. 選擇大家最喜歡或最關注的圖畫，更仔細地觀察或比較不同的圖畫，交流各自看到的訊息。

5. 選擇大家最喜歡的情節，由學生讀出有關的文字，老師從旁引導修正，並加以解說。這樣，學生可以從文本具體語境中領會詞彙、句子的含意。教師亦可以指出一些反覆出現的句式，讓學生學習使用。

6. 讓學生講述自己相似的經驗或提出問題。其他學生可以向講故事者提問，講述者也可嘗試代入角色回答問題，藉此深化對文本的理解。

3.2 圖畫書的選擇與學生的閱讀反應

選擇適切的作品是推行圖畫書教學實踐的先決條件。圖畫書本質上是圖畫和文字的結合體，而優質的圖畫書，必須是圖畫、文字俱佳的作品，也就是藝術和文學創作的結晶品。圖畫書的解讀要做到多鼓勵學生交流對故事的不同感受，以及連繫自己的生活經驗。

本試驗計劃特別選用了三本優秀的圖畫書，包括：《活了一百萬次的貓》（佐野洋子，2004）；《團圓》（余麗瓊、朱成梁，2008）；《三隻小豬的真實故事》（Scieszka, 1989）。研究者亦就圖畫書的選擇徵詢前線教師的意見，教師認為三部作品文字不算艱深，內容亦貼近學生的生活經驗，適合中一至中三級非華語學生閱讀。以下是有關三部作品的簡介和教學應用。

a.《活了一百萬次的貓》

《活了一百萬次的貓》是日本作家佐野洋子（2004）的創作，在日本被讚譽為「被大人和孩子愛戴、超越了世代的圖畫書」。作品中的貓活了一百萬次，也死了一百萬次，每次屬於不同的主人，然而貓對每一次生死都沒有太大的感覺。

直到有一天，牠終於變成了一隻只屬於自己的貓，並有了愛與被愛的體驗，故事寓意深刻。這部作品每頁的詞語和句式大致相同，有助學生重複學習相同或相近的詞彙和句式。

大部分學生都能根據圖畫說出故事的寓意，更有學生說出主角貓的感受及作者背後的創作理念。也有學生說出他們希望變成故事裏那一隻貓，能夠活一百萬次，亦有學生注意到結局，主角貓終於有自己的家、老伴和孩子，即使死了，亦毋須再復活，安然地死了。也有學生說出貓的死很可憐，死了那麼多次，仍要做貓，對做貓的感覺也厭倦了。

b.《團圓》

《團圓》由中國作家余麗瓊、朱成梁（2008）所著。故事講述一個小女孩和她父親在中國新年節日中發生的故事。小女孩的父親只有在新年才能回家一次，這對小女孩非常重要，因為每年只有這段時間才能一家團聚。

閱讀這本書時，很多非華語學生都覺得很感動，因為小女孩的故事和他們的經歷很相似。

分享閱讀心得時，非華語學生甚有共鳴，他們更會提及自己國家過新年的情況，和書中情景有很多相似之處。雖然是同一本圖書，但是非華語學生因為各自的家庭背景而有不同的回應：有些來自單親家庭的同學，特別希望有雙親的照顧和愛護，希望自己能夠快些長大，以回報母親；也有一些同學認為父親的離開，導致家人缺乏照顧，生活艱苦貧困，甚至有學生無法感受或認同書裏父親對小女孩的那份愛。

c.《三隻小豬的真實故事》

《三隻小豬的真實故事》是美國作家 Scieszka（1989）創作的圖畫書。故事是以大家熟悉的三隻小豬作藍本，再以滑稽風格顛倒原本的故事，以狼的觀點講述經過，顯示原來一般人相信的故事版本其實源自偏見，並非事情的真相。書中的故事雖以三隻小豬和一隻野狼做主角，但這個真實故事中的野狼本質並不壞。牠不是存心要吃小豬，起初只是想向鄰居小豬借一杯糖，用來為奶奶炮製一個生日蛋糕而已，後來小豬們因房子倒下而被砸死，才因利乘便把小豬吃了。

非華語學生對這本書有深刻的印象，他們普遍認識原來的三隻小豬的故事，因而對這個號稱真實的故事更感興趣。透過分組討論，學生察覺到從不同的觀點去敍述故事，每件事情都可從多角度思考，從而得出不同的見解和結論。對於這本展現新視角的《三隻小豬的真實故事》，有些學生聯想到自己曾經被人誤解的不愉快經驗。根據本計劃的實踐經驗，男學生比女學生更加喜歡這本書的題材。

3.3　圖畫書創作過程

完成閱讀活動後，老師安排學生進行圖畫書創作；創作方法有很多，可因應學生的程度靈活改動。最常用的方法有兩種：延伸創作及全新創作。延伸創作是指學生只需用一至兩幅圖畫，畫出自己對作品的想法。方法是利用剛讀過的圖畫書，做一些延續性的創作，例如：學生重畫自己喜歡的情節，或改畫自己不喜歡的情節，或重新畫出一個新的結局。全新創作則是由學生完全創作自己的故事、繪畫自己的畫和用自己的文字來寫作，整本圖畫書都是全新創作。

本實踐計劃用的是後一種方法。其中引導學生構思圖畫書創作的方法和過程如下：

（一）說明圖畫書的創作有以下要求：故事能反映生命的起伏（up and down）；故事可以是虛構的，但作品必須反映一些真實的問題和深刻的感情；作品不必提供解決方案或展示標準/規範的生活方式。

（二）構思故事階段：學生首先思考他們的故事主題，然後通過以自己懂得的文字和圖畫方式製作草稿，從而作更豐富的思考，並誘發他們回憶自己的經驗或想法，初稿可以是中英文夾雜，並加上草圖。學生向全班講解初稿故事，再確定故事起伏的轉捩點，並以此作為要製作的圖畫或文字的焦點。這部分要詳細反映故事進展的步驟細節、作者內心的感受和掙扎，至於其他次要的情節則可略加刪剪，文字也可再修訂；如果圖畫已能明確展示故事信息時，文字則可從略；反之，如果文字已經清楚交代故事情節，圖畫亦可更簡明。然後，學生要作語言修飾和圖畫正稿，並且開始設計封面和封底。

在創作過程中，學生還要思考作品的傳意目的：(1) 自己的目標讀者是誰，期望目標讀者知道甚麼，有甚麼寓意，題材中會滲透作者自己的甚麼經歷和感受。(2) 閱讀圖畫書時，老師鼓勵學生表達自己對作品的想法，故在創作故事時，學生會較願意真切地表達自己的經歷及體驗。此外，部分學生喜歡以非寫實的手法，如以動物、植物及其他物件作為故事的角色。

在繪圖方面，教師可提供一些構圖例子，透過對比讓學生懂得如何利用一些構圖形象的變化，來表達故事情節、人物關係和情感的信息，包括：線條對比、圖形對比、構圖（方位）對比、構圖（空間）對比和顏色對比。此外，教師可以讓同學自由發揮，如果學生對於憑空繪畫感到困難，可考慮先搜集資料，例如參考網上圖片或自行拍攝實物，然後再轉化成圖畫。

學生繪畫的時間，其實也是他們思考的時間，一邊作畫，腦海中會出現許多回憶、想像和意念上的補充，因此構思圖畫和思考故事內容並不能分割。教師應給予學生足夠的課堂時間去投入這個過程，把先前已寫好的重點情境以簡單的圖畫表達出來，但要特別提醒學生，此時不宜作細節的描繪和着色，因為有了故事脈絡之後，這些圖畫可能仍需修改。

（三）交流、回饋和修訂作品： 初步完成圖文創作之後，老師便可以要求學生請其他人閱讀，最好請學生們分組討論，同儕互相給予回饋意見。同儕互評時，要學習尊重各人表達的思想與感情，不過大家仍可對如何更好地帶出主題提出意見。評鑑學生畫作方面，老師亦要尊重學生的風格。學生按取得的意見，可自行判斷是否修改圖文，直至把作品整理至自己滿意為止。無論修改與否，圖畫和文字應互相補充，如有重複，可以刪去，或以新的文字或內容代替。最後學生為圖畫上色，圖畫書便告完成。

（四）公開分享完成作品： 安排作品發布，可以讓更多讀者閱讀和欣賞學生的圖畫書。本計劃安排非華語學生創作的圖畫書在大學公開展覽，還特別邀請關心少數族裔學生的大學生和教師與作者在圖畫書展板前對談，並開放給公眾人士參觀。這項展覽活動對作者建立正面的自我形象有重要作用，參觀者亦可因此加深對少數族裔社群的認識。

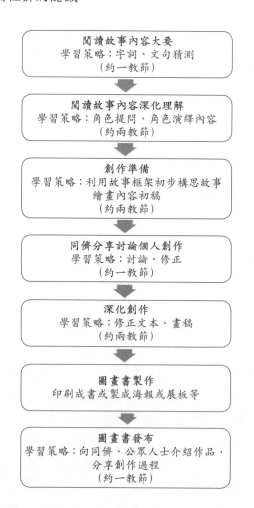

圖5.1：「閱讀及創作之旅：非華語學生與中文圖畫書」計劃教學流程

四、回顧與反思

回顧這個實踐計劃時，本節會結合本章的研究成果和第三部分的問題進行論述。

4.1　參與和投入程度

研究問題一關注的是非華語學生能否投入圖畫書的閱讀和寫作，這個問題的答案是肯定的。以下是一些參與教師的教學分享，從訪談意見可以看出老師認為非華語學生能投入圖畫書的閱讀和創作活動。

> 在課堂上使用圖畫書作閱讀教學，的確有意想不到的反應。學生的注意力和秩序都比平時好。更難相信的，是同學們可以這樣長時間地專注於思考和創作，去完成他們的海報或連環圖，用自己的文字和圖畫，對所閱讀的圖畫書作出不同的反應。（老師 K）（Kosar 等，2011）

> 我覺得最大的得着就是更深入了解了學生的文化和一些背景，知道了他們對自己和對社會的見解。……他們的創作，亦往往隱隱地反映出他們對自身文化，如家庭婚姻觀念的內心反應。（老師 F）（Kosar 等，2011）

4.2　創作成果

研究問題二關注創作成果與生活經驗的連繫。透過圖畫書的創作，非華語學生的創作和語言天賦亦逐一顯現出來，他們的圖畫書作品，非常生動和有意義。以下是一些例子：

〈英美的奶奶〉有關家庭各成員相處之道。

圖 5.2：〈英美的奶奶〉

〈學校欖球隊〉關於友情。

圖5.3：〈學校欖球隊〉

〈不愉快的結局〉講述婚姻和愛情（故事內容詳參第6章）。

圖5.4：〈不愉快的結局〉

〈少數族裔的小麻雀〉有關個人成長。

圖5.5：〈少數族裔的小麻雀〉

是次計劃的成品共有22個故事，主題的整體分布如下：個人成長（7個）；家庭（5個）；學校／友情／關愛（5個）；社會（3個）；婚姻／愛情（2個）。至於角色類型方面，22個故事中，13個故事以人為主角；另有9個為動物、植物、死物和虛擬角色。其中〈少數族裔的小麻雀〉、〈園丁和Rosie〉兩書分別以小鳥和小植物為主角，兩書其後獲香港大學謝錫金教授用作跨文化分層閱讀的教材，香港大學舊生會的融合基金84更資助出版編印了這22個由非華語學生創作的圖畫書，送給全港中學及香港大學的圖書館，作參考書之用。

透過文字和繪畫，非華語學生在圖畫書裏表達自己的文化和生活經驗，這樣令老師對他們的文化生活經驗、思想、興趣和習慣，有更深刻的認識和領會。

4.3　反思學生學習的情況與老師教學的困難

至於研究問題三則關注如何解決圖畫書教學和創作時遇到的困難。學生在自行閱讀或創作圖畫書時會遇到不少困難，例如他們會因為不理解文本內容而失去閱讀的興趣，有些更因為既要畫畫又要作文而感到煩惱。因此，若要實踐圖畫書教學，老師在選擇圖畫書時必須考慮學生的心智成熟程度。本章建議老師挑選一些優秀的圖畫書給學生閱讀，並鼓勵他們在閱讀過程中，不斷作猜測，同時利用提問引導和加上適當的補充解釋。待學生慢慢掌握閱讀圖書的策略之後，便可感受到閱讀圖畫書的趣味和意義。坊間有不少類型的圖畫書，老師大多喜歡選擇涉及人際關係的題材，然而這類作品一般較受女學生歡迎，而男學生卻缺乏興趣。因此老師在選擇圖書時，最好兼顧男女學生兩方面的興趣。

老師在課堂上遇到的最大困難是非華語學生的中文程度有很大的差異，例如：有些已經能閱讀和書寫中文，有些卻在聽說方面仍有困難。利用圖畫書進行閱讀和寫作教學，可讓學生藉圖畫的輔助，明白故事大部分的內容和意義，並能有效拉近學生之間的學習差異。

教學的另一難點是如何引發學生的創作興趣。尤其是在創作時間較長，以及要組織跟進的學習程序較多的情況下，如要維持學生的學習興趣和專注力，老師需要做好之前的課堂規劃。創作圖畫書時，由於學生之間有一定的程度差異，針對中文程度較高的學生，老師會從故事內容中給予生字生詞或句式的指示；至於程度稍遜的學生，老師可以讓他們改寫故事的結局，或創作一些篇幅較短的故事。

根據實踐經驗，本章建議教師先根據學生的能力，初步擬好用作圖畫書閱讀和創作的固定節數，然後按計劃而行，不宜把課堂拖延太長，以免影響學生創作圖畫書的興趣。

五、結語

　　本章重點論述非華語學生閱讀和創作中文圖畫書的學習意義。研究者認為圖畫書是一種內容豐富、寓義深刻、語言精煉的文學作品，而教師可選擇優秀的圖畫書，藉文字和圖像，多管道去刺激學習者的感知，激發他們的思考和與別人交流閱讀心得的慾望，從而令他們更有興趣參與中文學習。圖畫書是一種特別的藝術形式，可以讓學生同時利用文字和圖畫來表達內心的想法，發揮多層次的創造力，促進深層學習。透過文字和繪畫，非華語學生可以藉自己創作的圖畫書分享自己的生活經驗，讓讀者深入認識和體會他們的文化、思想、生活經驗、興趣和習慣，從而促進跨文化的學習和交流。

參考書目

Kosar, S.、祁永華、潘溫文 (2011)。《閱讀及創作之旅：非華語學生與中文圖畫書》。香港：香港大學中文教育研究中心。

Scieszka, J. (1989)。《三隻小豬的真實故事》(方素珍譯)。台北：三之三文化。

佐野洋子 (2004)。《活了一百萬次的貓》(唐亞明譯)。北京：接力出版社。

何洵怡 (2011)。《課室的人生舞臺——戲劇教文學》。香港：香港大學出版社。

余麗瓊、朱成梁 (2008)。《團圓》。台灣：信誼基金出版社。

寧歡 (2016)。《探索中國 (北京) 兒童閱讀中文圖畫書的反應》。未出版博士論文。香港：香港大學。

Bader, B. (1976). *American picturebooks from Noah's Ark to The Beast Within*. New York: Macmillan Publishing Company.

Nodelman, P. (2003). *The pleasures of children's literature* (3rd ed.). Boston, MA: Allyn and Bacon.

Rosenblatt, L. M. (1938). *Literature as exploration*. New York: D. Appleton-Century.

Rosenblatt, L. M. (1978). *The reader, the text, the poem: The transactional theory of the literary work*. Carbondale, IL: Southern Illinois University.

Rosenblatt, L. M. (1982). The literary transaction: Evocation and response. *Theory into Practice*, *21*(4), 268–277.

第**6**章

少數族裔學生透過圖畫書創作建構身份初探

何劍翹、祁永華、Shanila Kosar、潘温文

本章旨在探討身份建構在第二語言學習中的重要性，以及圖畫書創作在幫助香港少數族裔學生建構第二語言學習者身份方面所能發揮的積極作用。教師可以用圖畫書作為工具，讓這些學生表達自己的內心世界，以獲取其他人的了解和關注。他們的創作更可以為第二語言學習增添有價值的跨文化內容。本章文獻回顧部分，主要探討自我和身份建構的概念及其對第二語言學習動機的影響，以及創作「身份文本」(Cummins and Early, 2011) 的重要性。本章還會以某些香港少數族裔學生創作的圖畫書為例，分析三位中一女生就相近主題創作的圖畫書，並嘗試探討以下的問題：圖畫書是否真的可以成為少數族裔學生創造身份文本的工具？這些作品有沒有反映他們的文化色彩、生活經歷，以及青年人的新角度？又教師使用這些身份文本作為語文和成長教育時，會有甚麼成效和挑戰？

關鍵詞：第二語言教學；身份建構；身份文本；文化意識；少數族裔；圖畫書教學

一、引言

本章旨在探討身份建構在第二語言學習中的重要性，以及圖畫書創作在幫助香港少數族裔學生建構第二語言學習者身份方面所能發揮的積極作用。老師可以用圖畫書作為工具，讓這些學生表達自己的內心世界，以獲取其他人的了解和關注。他們的作品更可以成為具有跨文化內容的第二語言學習材料。

二、文獻回顧

2.1 身份和自我

誠然，人有一種天賦，就是能和自己對話。除了面向世界，人會自我觀察和評價，從而形成對自己的認識。例如會問自己：我是個怎樣的人呢？我喜歡甚麼呢？我認識或相信甚麼呢？我又有能力做些甚麼呢？我和其他人有甚麼相同和不同的地方呢？而身份方面，人更會問自己，我是誰呢？我和哪些個人或群體有關呢？我認同那些個人或群體嗎？他們對我的印象又是怎樣的呢？自己在這些關係或群體當中的角色和地位又是怎樣的呢？（Taylor, 2013）

這些自我的對話，無不受社會文化影響。人作為群居的動物，與生俱來亦會傾向留意（或想像）別人對自己的觀感和評價，對自己有些甚麼期望，從而表現出一個讓別人喜歡的自己。這種傾向當然有助群居，但表現的自我和真正的自我之間的差異亦可能形成內心的矛盾。人的全面發展，除了留意別人的期望，也要學會誠實地面對自己，投放真正的自我在自己的行為之中，然後創造性地轉化外界環境加於自己的既定身份，並由此感受到自己的生命力和價值（Rogers, 1969; Rogers and Freiberg, 1994）。

2.2 第二語言學習和身份建構

Cummins (1986, 1996, 2000) 指出，對於在第二語言社會處於弱勢的少數族裔或移民學生而言，他們的學習成效，往往和他們能否有效地協調多重身份（identity negotiation）有關。一方面，他們要以母語維繫和父母及親人的關係，保持原有的民族身份；另一方面，又要用社會的強勢語言來學習和交際，發展公民身份。由於這些學生可能背負着社會大眾對他們族群的負面標籤，因此在學校內，首要的是要幫助這些少數族裔或移民學生建立正面的自我形象，認識自己的能力，建構一個「有能力的學習者」身份。

2.3 香港少數族裔學生的身份認同和中文學習的關係

香港政府近年除了比較注重扶助少數族裔學生學習中文外，還着眼在身份建構方面，協助他們建立香港人的身份，希望他們融入「主流社會」。而學者則批評這政策為同化政策，指政府其實是要大家趨於同一（祁永華，2014；Erni and Leung, 2014）。

　　對這種香港人身份的話語，少數族裔學生實際感覺如何，對他們學習中文又會產生甚麼影響呢？巢偉儀 (2016) 從2012年起追蹤訪問11名巴基斯坦裔和菲律賓裔小學生，研究少數族裔學生的身份認同和中文學習的關係。巢氏發現研究對象對香港人身份的接受程度是有差異的，更指他們認同自己是標準「香港人」並不是學好中文的必要條件。研究還反映有學生認為自己是巴基斯坦人，但生活在香港，希望多與中國人交朋友，一直努力學習中文；亦有學生立志要學好中文，當一名中文老師，更好地幫助自己族裔的人。

　　我們可以從巢偉儀 (2016) 的研究中得到啟發：該研究根據Norton的身份認同和資源投放理論 (Darvin and Norton, 2015; Norton, 2006)，認為「我在學習中文」或「我懂中文」是學習者一個新的身份。為此，少數族裔學生要學好中文，首先必需讓他們發展新的身份——作為具有特殊背景的中文學習者和使用者。他們不一定要放棄原來的身份，或者接受一個標準化的社會身份。最重要的是：(1) 他們覺得學習了中文，有助更好地實現自己重視或心儀的其他社會身份，這些身份並不一定以族裔作為分野；(2) 他們要感到老師和同學接納他們是有能力的學習者，能尊重他們的學習需要。

　　劉國張 (Lau, 2015) 對少數族裔中學生的追蹤研究，也有類似的發現：有巴裔學生一早認同自己是香港勞動階層的一部分，認為自己是香港人；有學生並沒有強調香港人的身份，卻很重視中文學習；有學生因為學到的中文可以用在家人開設的印度餐館，得到家人的肯定，這其實是加強了學生在家人及本來族裔中的身份建設，與是否認同自己是主流香港人無關。另有一些學生升讀了大學，中文仍在不斷進步，因為經常跟華裔學生在一起，可以互相幫助和學習，並且利用大家在中英文方面的優勢互補，促進小社群的學習。而更多的例子顯示，透過共同的運動和愛好，以隊友、朋友的身份交流和學習中文。其中可以看到，是否認同自己是主流香港人，其實不是甚麼重要的事情。

2.4　建構中文第二語言學習者身份的困難

　　少數族裔學生學習中文時會有不少適應問題。首先，第二語言環境容易令少數族裔學生感到自卑，因為他們不完全明白別人的說話或關注的重點，以致未能互動地參與他們感興趣的話題，而且他們也沒有足夠語言能力去分享他們已有的知識。

　　面對這種情況，在認知方面，Cummins (1986, 1996, 2000) 主張雙語教學 (bilingual education)，讓少數族裔和移民學生可以更好地利用已有的知識和語言能力去加強對新事物的學習。Cummins還建議在以L2學習的同時，應該保持運

用學習者的L1，以便學生可以維持高階的學術思維和語言運用。儘管雙語教學得到多數教育學者的支持，但很可惜香港政府一直排斥這套方法。

　　至於在社會和情意方面，Cummins（1986, 1996, 2000）提出要師生們發展相互協作賦權的關係（collaborative empowering relation），透過彼此的支持，讓少數族裔和移民學生展現他們的能力，表達他們的思想。教材的文本，除配合學生的程度外，更要考慮它的內容是甚麼？學生是否認同或產生共鳴？

　　簡而言之，要讓少數族裔學生感到自己已獲得中國語文身份，而且表現出學習成效，必須先讓他們學習想要的內容，並且表達他們的思想。一般人往往以為少數族裔學習中文的閱讀比寫作容易，但巢偉儀（2016）卻發現，少數族裔小學生一般喜歡寫作多於閱讀。因為閱讀內容難以理解，尤其是面對陌生或不感興趣的文化背景和用詞時；反而寫作有更多自由，能從自己的角度出發，選擇自己的用詞來表達己見。

2.5　身份文本的概念

　　Cummins and Early（2011）總結了過去的經驗，提出「身份文本」（identity text）的概念──倡議老師必須營造空間，給予多種創作方式，讓少數族裔或移民學生表達他們的想法和自身經歷，從而建立正面的自我身份認同。而多語言和多媒體文本（multilingual and multimodal text），扮演了重要的角色。而「身份文本」亦可以成為有啟發性的跨文化第二語言教材。

　　Cummins and Early（2011）還回顧了不少例子，如早期Stein and Newfeld（2003）的「身體圖文」（body tracing）教學活動：讓正在學習第二語言的雙語學生在紙上描出自己身體的外形，並以文字和圖像述說自己的特點和故事，積極建構自己的身份象徵；Naqvi（2008）的教學活動：學生參與創作雙語文圖書，製成2,300本圖書，涉及語言達40多種；Lotherington and Chow（2006）讓小學生重寫Goldilocks故事的活動，學生按自己的文化背景，把故事改編成為多個不同的版本。

　　以下是Cummins and Early（2011）對「身份文本」的描述：它是在老師指引帶動的教學空間內，由學生創作或表演的成品。學生將他們自己的身份投射到這些文本的創作中，而且可以是用文字、口語、手語、視訊、音樂、戲劇或眾多模式的組合呈現。又學生在與不同受眾（同學、老師、父母、祖父母、不同級別的同學，甚至公開媒體上的觀眾）分享身份文本時，能於互動中得到受眾的積極反饋，從而達到自我肯定。這樣，身份文本便成為鏡子，讓學生們的身份得以正面反映。進一步更可利用資訊科技，把學生作品放於互聯網上讓不同讀者閱讀，以加強身份文本的生產和傳播的功效（Cummins and Early, 2011）。

2.6　讓少數族裔學生透過圖畫書建構多元文化中文學習者身份

由於語言和文化的隔閡，香港的少數族裔學生往往被社會標籤為缺乏文化知識和思考能力的一群。作為教育工作者，我們應相信他們和本地華語學生一樣，有着自己的生活經歷、感受、思想和對生命的追求。在教育的過程中，教育工作者必須讓他們認識和表達自己。

我們相信人是會說故事的動物，而且往往透過故事建構自我和所屬社群的身份。而圖畫書是一種文藝形式，我們認為圖畫書可以成為實現「身份文本」的工具，讓少數族裔學生說出他們想說的話，亦讓老師和本地華語同學明白他們的想法，從而建立他們作為有能力的中文學習者身份。而少數族裔學生創作的圖畫書，更可以成為中國語文和文學教學的寶貴材料。

三、分析實驗計劃中學生圖畫書作品

下文主要分析一項少數族裔學生圖畫書創作計劃中的部分作品，至於該創作計劃的教學方法和步驟，請參考本書第5章。以下是創作活動中對學生的指示：

> 故事要能反映生命的起伏，以及帶出人們彼此理解和幫助的重要性；故事可以是虛構的，但作品必須反映一些真正的問題和深刻的感情；作品不必提供解決方案或展示模範生活方式；創作的目的是引發讀者自己思考。
> （節錄自 Kosar、祁永華、潘溫文，2011：15–30）

創作計劃開始後，我們發現少數族裔學生的作品，無論在故事內容或表達技巧方面都很有特色，而主題更涵蓋了個人成長、家庭、朋友、戀愛、社會和世界環境等。下文嘗試分析三位中一女生就相近主題創作的圖畫書，然後探討以下的問題：

一、圖畫書是否真的可以成為少數族裔學生創造身份文本的工具？
二、這些作品有沒有他們自身的文化色彩、生活經歷，以及青年人的角度？
三、當使用這些作品作為語文或個人成長教材時，估計可能有哪些成效和挑戰？

分析文本時，我們實際上將自己定位為讀者，主要分享對這些作品的閱讀反應是甚麼，而且想像人們閱讀和討論這些作品時可能引起的議題。

作品一：〈一個孤兒的遭遇〉

故事內容

　　故事講述孤兒美美的遭遇。她四歲的時候，父母離婚。後來爸爸因車禍去世，而母親亦因傷心過度而離世，美美從此被一對夫婦領養。但她並不快樂，因為在領養家庭要做各種家務，美美於是離開這個領養家庭。其後美美遇到一對好心的夫婦，願意收留她，她覺得很開心，因為這對好心夫婦待她很好，視她如女兒一樣疼愛她。

圖畫分析

　　正如圖6.1所示，作者在繪圖上運用鮮明的色彩，令這個內容看來悲傷的故事轉化成帶着快樂和光明色彩的故事。畫中的小女孩大部分時間是微笑的，反映作者堅強的一面。

圖6.1：〈一個孤兒的遭遇〉（一）

　　在第二幅圖畫裏，我們知道她把酗酒的禍害連繫到破碎的家庭。在第三幅圖畫裏，構圖裏沒有人物。這部分的故事，作者比較注重用文字表達，如果不閱讀文字，只看圖畫，讀者在理解上會有困難。更深一層來說，圖畫中沒有人物，反映故事人物在家中的人際關係薄弱，家庭給她的只有繁重的家務。故事文本裏提及：「我不喜歡他們，因為他們要我做各種家務。」少數族裔的少女往往從小便要學習做家務，反之，兒子便不需要做家務。居住在一個像香港這樣的自由開放社會，令她們更容易和其他同學的生活經驗作比較，察覺這種不公平的待遇。

　　正如圖6.2所示，由第六幅圖畫開始，故事帶出作者心目中的理想生活。美美和她的新領養父母一起用膳，作者認為這是快樂泉源之一。第七幅圖畫：主角美美身處在大房間中，面帶笑容，非常開心，間接反映作者對香港的居住環境

的期望。第九幅圖畫：故事主角因為購買了很多東西顯得很快樂。畫中的美美穿着一件有哈哈笑圖案的襯衫，反映出作者目前真實的生活雖然有困難，但對未來生活仍很有盼望。

第六幅圖畫

他們帶我到他們家裡，給我吃很多美味的食物。然後，我向他們說出我的身世和遭遇。

第七幅圖畫

他們給我一個房間，到起床時，那個女人來到了我的房間，她有一個燦爛的微笑，她說：「你想不想和我們一起住？我是可以領養你！」我很興奮當地和這位善良的婦人擁抱在一起。

第九幅圖畫

我買了很多東西給自己，我覺得很滿足，很開心。

圖6.2：〈一個孤兒的遭遇〉（二）

故事分析

作者來自草根階層，在南亞裔的文化裏，假若因婚姻不如意或其他原因，如經濟困難，男方可能會選擇離開，撫養兒女的責任便完全落在女方身上，但女方通常沒有充裕的經濟基礎去承擔這個責任，因為她們往往很早便結婚，沒有太多工作經驗，找工作也不容易。因此這一類的單親家庭經常出現經濟困難。

由於美美來自基層家庭，所以如其他本地基層家庭的少女般，渴望擁有充裕的生活所需，除了期望擁有豐富的物質，也希望獲得一個完整的家庭，充滿關愛和溫暖。

故事中美美並不喜歡做各種的家務，卻喜歡美味可口的食物、漂亮的衣服和安穩舒適的日子，也不用做太多的家務。這反映作者對儀容、居住環境、衣服和食物，都有自己的期望；她心裏所想，都在字裏行間流露出來，這也許是因生活困乏而萌生的期望。

作品二：〈不愉快的結局〉

故事內容

主角為少女Mary，她出身自一個富有的家庭，得到父母的疼愛。Mary如其他南亞裔少女一樣，到了適婚年齡，父母親便介紹一個男孩Charles給她認識。認識了不久，二人便到了談婚論嫁的階段；但有一天，Charles因喝醉了酒，錯手用酒樽將Mary打死，令Mary的母親傷心不已。

圖畫分析

第二幅圖畫

第三幅圖畫

第五幅圖畫

圖6.3：〈不愉快的結局〉（一）

正如圖6.3所示，第二幅圖畫，我們見到Mary的父母十分疼愛她。母親的手輕輕摟着Mary，爸爸則幫她拿着裙子，兩個弟弟則站在角落，作者藉此表達自己的期望。第三幅圖畫，作者亦有提及財富，但這一切，作者都用了暗啞的顏色來表達，藉以反映出物質並不代表甚麼，相反，真正的快樂來自家庭，故作者用了較鮮明的顏色來表達家庭開心的寫照。第五幅圖畫，反映作者希望擁有一個舒適的居住環境，展示了完成母親的盼望，也成就了人生的意義和責任。

這故事大多數的圖畫都非常簡單，正如圖6.4所示，畫中沒有仔細的背景描繪和鮮明顏色的運用，讓整個故事滲透出一絲絲的哀傷和悲涼。

初相識的Charles

酗酒後的Charles

最後媽媽和Mary

圖6.4：〈不愉快的結局〉（二）

故事分析

作者以第一身說法來道出故事。在一個偶然的機會下，Mary到朋友Sarah家探望，得知Sarah已生了孩子，Sarah提醒Mary她已到適婚年齡，心理上也該有結婚的準備。

　　在這裏，我們可感受到文化上的差異。十八歲對一般香港青少年來說，應該仍是求學和盡情享受群體生活的時期。但在印巴裔青年來說，女孩子的適婚年齡，應該在二十四、五歲之前。在現今的世代，印巴裔男女孩子的婚姻，仍多由父母或親友介紹。故事中的Mary也一樣，她的父母介紹了一個男人給她，讓他們嘗試了解對方，通常經過介紹後，他們可以見面交談，短暫約會。這種情況，大多只維持一段短時間，如一切順利，雙方便會談婚論嫁，大家對彼此的認識可能並不深，因此婚姻對他們來說，猶如一場賭博，幸福美滿與否，只靠運氣。

　　香港的年輕人如果要結婚，大多會自行物色對象，較少由父母介紹。印巴裔的傳統，父母大多比較注重門當戶對，所以結婚的對象，會是表兄妹、遠房親戚，或是透過親朋介紹。父母儼如子女婚姻的決策人。故事最終以悲劇結束，主角Mary失去了生命，反映作者對父母之命這種婚姻的焦慮，而主角最後得不到幸福，甚至以死亡作為對這種婚姻的無聲抗議。

作品三：〈園丁和Rosie〉

故事內容

　　〈園丁和Rosie〉是講述一棵很小的植物Rosie被園丁從花園移植到一個花盆裏栽種，並放進屋裏。Rosie不想單獨地生活，有一天偷偷地溜走到大街上，四處遊蕩，非常開心，但亦差點兒被車撞倒。Rosie終於明白園丁的苦心，於是返回園丁家裏，並說出她想在花園裏和其他的花朵一起成長，園丁答應了她的要求，Rosie終於得償所願，最後變成一朵美麗的花。

圖畫分析

　　正如圖6.5所示，主角Rosie得到主人眷寵，「從前在花園裏有一棵很小的植物。」意味着渺小亦可被人欣賞。少數族裔學生和其他本地華人一樣，各自有不同的天分，但往往被人忽略而不受重視。他們希望獲得別人的認同，給予他們機會，或許會做得更好。作者以花做主角，故事中每一幅圖畫的風格均非常簡單和直接，而在最後一幅圖畫中，我們更可以感受到Rosie的喜悅，她的笑容有如圖畫中的紅色，代表溫暖和快樂。當然，用花來做主角，意味着作者對這個角色的期望，既有生命力，也能燦爛地成長。

第五幅圖畫

第八幅圖畫

最後一幅圖畫

第七幅圖畫

第十幅圖畫
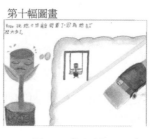

圖6.5：〈園丁和Rosie〉

故事分析

這個故事主要講述有關追求自由的故事。南亞裔的父母一般對子女，尤其是女孩子的管教比較嚴，但由於居住在香港，他們的子女會跟本地的同儕作一比較，因而發現自己並不像香港的青少年那樣可以隨心所欲的做自己喜歡的事，

透過圖畫書的創作，作者在故事裏透露自己對家庭和對處身社會的想法及盼望。作者以故事作比喻，道出時下青少年對自由、毫無約束的生活的追求。印巴青年大多聽從父母的教導，不會胡亂行事；當然也有些較叛逆的，會靜靜地鬧革命，偷偷地溜出街外，聯群結隊，約會朋友，對父母的叮嚀置諸腦後；有些甚至不大欣賞父母的叮囑，實行我行我素。當有事故發生時，方知父母叮嚀的可貴，就像故事中的Rosie，經歷那次差點兒被汽車撞倒的經歷，便明白園丁的苦心。但她始終是棵小植物，希望和其他花朵一起成長，就像我們的年輕人，需要和朋輩們一起成長。作為父母亦應明白，朋輩在青少年心目中的地位，是無可代替的。

四、研究結果

1. Cummins and Early（2011）在 *Identity Texts* 一書中倡議老師必須營造創作空間，讓少數族裔的學生表達他們的想法和自身的經歷。圖畫書的製作恰恰能為少數族裔的學生創造學習中文的空間。這種透過閱讀圖畫書，刺激學

生的想法，進而創作自己故事的學習方式，和傳統上老師用特定的書本教學不一樣。例如，教授第二語言中文，傳統上在〈我〉的單元裏，老師會透過簡單的課本內容，教授基本的詞彙、句式，以及簡單的對話和寫作。當然在這種方式下，學生可學習基本的中文知識，但較高層次的教與學，就略為欠奉。創作圖畫書過程中，老師引導少數族裔學生反映自身的經歷和感受，透過圖畫和文字作深層次思考。作為有思想、有感情、有創造性的語文學習者，少數族裔學生透過自身創作的作品，身份遂得以確立。我們也發現學生願意在這項學習活動上投放時間和努力。而更重要的是，他們更放開了自己的身份，在作品中表達真正的內心世界。他們的文化知識和經驗有別於主流文化，透過創作故事，正好讓他們正面地建立自己的身份。儘管每個故事各有特色，但都不約而同地反映着少數族裔生坦誠真摯的一面；而這些內心的反映，在傳統倚賴教科書的教學上，老師和學生均往往未能感受得到。

2. 通過解讀上述的故事，我們不難發現作品中均可反映少數族裔的文化背景，但亦不能忽略其中的差異。學生的父母可能來自城市或農村，教育程度與經濟狀況各有不同，而家庭經歷亦自有出入。上述每一個故事，正反映不同的文化元素同時衝擊着學生。這些學生又屬於新生一代，他們的經驗和上一代不同，自然存在張力甚至矛盾，故此他們身份的發展和協調過程是非常複雜的。以上三位作者的性格亦不一樣，有較樂觀的，有較悲觀的，也有較勇敢的。雖然三個故事的主題都是環繞家庭關係，但呈現出來的面貌卻大有不同，而三位作者都願意跟讀者分享他們的期望、憂慮與追求。既然說故事者都是真切的，老師亦自然會樂於接受這些絕非千篇一律的故事和畫風。

通過解讀上述的故事，我們可以估計到老師使用身份文本作為語文和成長的教材時，所可能取得的成效和面對的挑戰。成效可以是巨大的，因為學生創作的圖畫書能反映他們的處境，較容易引起同學的共鳴。而教學方面的挑戰也不能輕視，因為他們創作圖畫書的內容可能會觸及敏感的文化問題。這裏我們只能點出一些值得注意的地方：(1) 老師切勿把某學生的看法推論為該族裔或宗教的一般看法，要容許有關族裔學生持有和分享各自不同的經驗和見解；(2) 老師更不要根據自己的文化規範對其他族裔或宗教作出論斷。父母安排婚姻，雖然不是香港普遍接受的做法，但是對還是錯，這不是一個簡單的問題，應容許學生作多角度的討論 (Crabtree, Husain, and Spalek, 2017)。

五、總結

　　中文是香港社會和學校的強勢語言，但卻非少數族裔學生的母語。要求少數族裔學生以中文表達自己的想法有一定的困難；相反，還會令他們在課堂學習上容易表現得沉默和被動。老師和同學更可能認為他們缺乏學術思考能力及文化素質，以致降低對他們的期望和教學熱情。除了別人容易這樣標籤他們，他們亦容易這樣標籤自己。所以，在培養少數族裔學生語文學習和學術素養時，有沒有給予機會，讓他們運用自己的文化知識，訴說他們自己的故事和思想，並得到理解和接受，尤其重要，特別是對他們在多文化的環境下，能否積極地建立正面的學習者身份和自我觀、能否保持學習的信心和動力，更是關係密切。因此，圖畫書的創作可以成為有效的工具，為有需要的學生提供自我反思與建立信心的機會。

　　少數族裔學生和華裔學生一樣，成長中會遇到許多掙扎和困惑，也會思考自己和社會的需要。他們的作品亦值得推廣，甚至成為教材。閱讀少數族裔學生的作品，我們不單可減少對他們的偏見，還有助對他們有更多的了解和認同。

參考書目

Kosar, S.、祁永華、潘溫文（2011）。《閱讀及創作之旅：非華語學生與中文圖畫書》。香港：香港大學中文教育研究中心。

祁永華（2014）。〈香港以中文作為第二語言課程發展的考慮〉。載於王惠芬、葉皓羚（主編）：《無酵餅：「中文為第二語言」教與學初探》（頁148–166）。香港：香港融樂會。

巢偉儀（2016）。《中文學習與身份認同：香港巴裔及菲裔小學生多個案研究》。未出版博士論文。香港：香港大學。

Crabtree, S. A., Husain, F., & Spalek, B. (2017). *Islam and social work: Culturally sensitive practice in a diverse world*. Bristol, UK: Policy Press.

Cummins, J. (1979). Linguistic interdependence and educational development of bilingual children. *Review of Educational Research, 49*, 222–252.

Cummins, J. (1986). Empowering minority students: A framework for intervention. *Harvard Educational Review, 56*(1), 18–37.

Cummins, J. (1996). *Negotiating identities: Education for empowerment in a diverse society*. Los Angeles, CA: Association for Bilingual Education.

Cummins, J. (2000). *Language, power and pedagogy: Bilingual children in the crossfire*. Clevedon: Multilingual Matters.

Cummins, J., & Early, M. (2011). *Identity texts: The collaborative creation of power in multilingual schools*. Stoke on Trent; Sterling, VA: Trentham Books.

Darvin, R., & Norton, B. (2015). Identity and a model of investment in applied linguistics. *Annual Review of Applied Linguistics, 35*, 36–56.

Erni, J. N., & Leung, L. Y.-M. (2014). *Understanding South Asian minorities in Hong Kong*. Hong Kong: Hong Kong University Press.

Gardner, R. C. (1985). *Social psychology and second language learning: The role of attitudes and motivation*. London Arnold.

Lau, K. C. (2015). *Learning Chinese in multilingual contexts: Cases of ethnic minority learners with high attainment in Chinese*. Unpublished PhD thesis. The University of Hong Kong, Hong Kong.

Lo Bianco, J., Liddicoat, A. J., & Crozet, C. (1999). *Striving for the third place: Intercultural competence through language education*. Melbourne: Language Australia.

Lotherington, H., & Chow, S. (2006). Rewriting "goldilocks" in the urban in the urban, multicultural elementary school. *The Reading Teaching*, *60*(3), 244–252.

Naqvi, R. (2008). Open doors to literacy in Canada's multicultural classrooms: An introduction to Dual Language Books Research and the Database Project. Retrieved January 1, 2017, from http://www.rahatnaqvi.ca/files/poster.pdf.

Norton, B. (2006). Identity as a socialcultural construct in second language education. *TESOL in Context* [Special Issue], 22–33.

Rogers, C. R. (1969). *Freedom to learn: A view of what education might become*. Columbus, OH: Charles E. Merrill.

Rogers, C. R., & Freiberg, H. J. (1994). *Freedom to learn* (3rd ed.). New York: Merrill.

Stein, P., & Newfeld, D. (2003). Recovering the future: Multilingual pedagogies and the making of culture in South African classrooms. *International Journal of Learning*, *10*, 2841–2850.

Taylor, F. (2013). *Self and identity in adolescent foreign language learning*. Bristol, UK: Multilingual Matters.

第 **7** 章

香港非華語學生中文第二語言教材的發展歷程和成果：以《新版中文八達通》為例

容運珊、戴忠沛

　　為照顧香港非華語學生和前線老師使用中文教材的需要，香港大學教育學院中文教育研究中心於2009年開始研發不同的中文第二語言教學材料，推動中文第二語言教學（岑紹基，2015）。本章應用ADDIE教學指引模式的五個重要階段：分析、設計、發展、實施和評鑒（Peterson, 2003；陳雅鈴，2016），主要在探討其中一套教學材料——《新版中文八達通》（一書四冊）的研發理念及編撰原則，內容包括了：(1) 分析非華語學生、前線老師對學習和使用中文教材的需求；(2) 論述教材設計所依據的課程、理論基礎；(3) 教材編製和出版的發展過程；(4) 教材的具體實施和前線使用者的回饋意見；(5) 教材的評鑒結果。本章透過對《新版中文八達通》的教材編寫者、觀課教學顧問和前線中文老師進行深入訪談，以了解不同人士對於使用本教材的意見和評價，並為未來發展非華語學生適用的中文第二語言教材提出建議。

　　關鍵詞：非華語學生；中文教材；《新版中文八達通》；ADDIE教學指引模式

一、研究緣起

1.1 香港非華語學生學習中文的現況

　　香港是一個多元文化薈萃的地方，在港生活的非華語人士來自不同的種族，包括巴基斯坦、菲律賓、印度、尼泊爾、越南、日本、韓國和其他歐美國

家等。非華語人士，特別是來自南亞地區人士，植根香港有悠久的歷史（戴忠沛，2014），但在港非華語學生一直面對學習中文的各種困難，特別體現在中文的聽、說、讀、寫方面，尤以讀、寫表現為最弱。教育界近十年來均致力於研發各類教材、教學法和評估方法，以提高在港非華語學生中文學與教的水平，但很多老師仍然未能掌握有效的中文第二語言教學方法，並欠缺實際可用的教材（關之英，2012）。儘管不少學校或者出版社編印中文第二語言教學材料，然而這些教材仍未能滿足前線老師的教學需要，故教材的研發和支援實在是急不容緩。

1.2　中文第二語言教學材料的研發

香港大學教育學院中文教育研究中心自2009年開始研發各種中文第二語言教學材料，以照顧非華語學生使用中文教材的需要，並為學生準備應考各類公開試所需的範文參考和應試題型模式。該中心岑紹基等徇前線教師要求，本着不牟利原則出版的《新版中文八達通》（以下簡稱《八達通》教材），主要針對英國普通中等教育證書（GCSE）而編。全書共有四冊，每冊均有三個單元的不同學習主題。每一冊書均附有教學光碟，內有教學參考網址、聆聽材料和課文朗讀材料，而教師版光碟還附有課文練習題答案和教學參考指引等。

1.3　ADDIE教學模式理論之應用

本章的理論架構建基於ADDIE教學模式，這種模式乃是教學系統設計（Instructional System Design, ISD）其中一種用作開發培訓課程、引導教學設計的教學模式。ADDIE教學模式最初由Peterson應用在教學和培訓上，成為在教學設計過程中用以分析教學需求、設計教學和評估教學成效的常用模式（陳雅鈴，2016；Peterson, 2003）。ADDIE教學模式共有以下五個教學設計階段，也可視為發展教學材料的五個階段（陳雅鈴，2016），分別是：

1. 分析（Analysis）：在研發教材時，需要先分析學習對象的背景和需求，考量教材的教學環境和現有資源等；
2. 設計（Design）：根據分析結果設計合適的學習內容和相關教學活動等；
3. 發展（Development）：具體撰寫和編製教材的過程，包括教材的整體編製和統合等；
4. 實施（Implementation）：實際運用教材和教學策略進行施教；
5. 評鑒（Evaluation）：評估教材和教學策略的實施成效。

而ADDIE教學模式的示意圖可見圖7.1：

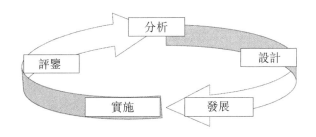

圖7.1：ADDIE教學模式示意圖。資料來源：Peterson（2003: 228）。

　　從圖7.1可見，ADDIE教學模式的五個教學階段是相互依存的，每一個階段的輸出是作為下一個階段的輸入，形成一個互相影響、環環相扣的教學設計系統。

二、研究問題

　　本章以ADDIE教學指引模式作為理論基礎，對《八達通》教材進行文本分析，並結合教師、教學顧問和教材編輯的訪談意見，回應以下的研究問題：

1. 非華語學生適用的中文第二語言教材的發展如何？前線老師對中文第二語言教材的需求如何？
2. 《八達通》教材的設計目的、編撰原理和編寫特色是怎樣的？
3. 《八達通》教材在編製和出版的發展過程如何？
4. 前線老師如何應用《八達通》教材在非華語學生的課堂教學上？
5. 如何評估《八達通》教材的實施成效？

三、研究對象

　　本章是一項質性研究項目，以文本分析和訪談作為主要的研究方法。參與訪談的人士共有三類，分別是前線中文老師、教學顧問和教材編輯，他們一共接受兩次的獨立訪談。受訪者以方便取樣和自願參與的方法選出，全部訪談在2017年9月期間進行，每次訪談時間均不超過三十分鐘。

3.1　前線中文老師

　　研究者一共訪問了三位任教非華語學生中文科的老師，他們全都具有一年或以上教授非華語學生學習中文的經驗（見表7.1）。

表7.1：前線中文老師的年資及教授年級

訪談對象	教授非華語學生年資	使用《八達通》教材年期	教授學生年級
老師一	一年	一年	中學二年級
老師二	三年	兩年	中學一至三年級
老師三	十年	九年	中學一至三年級

3.2　教學顧問

　　研究者訪問了一位負責支援和評估中文老師教學素質的教學顧問，這位教學顧問既是資深的教授非華語學生中文科的老師，也具有八年檢視和評估任教非華語學生中文科老師教學素質的觀課經驗。

3.3　教材編輯

　　研究者訪問了一位負責編寫《八達通》教材的編輯。這位教材編輯是資深的教授非華語學生中文科的老師，熟諳《八達通》教材的編寫原則，並對GCSE公開考試有深入認識。

四、研究結果與分析

4.1　研究問題一：非華語學生中文教材的需求分析

4.1.1　香港非華語學生適用的中文第二語言教材之發展

　　教材在學校教育中擔當重要的角色，一套適合學生的教材可以提高學生的學習動機，引導他們主動思考和探索，從而提高學習效能。然而，教育局出版的中文第二語言教材只針對非華語小學生教學之用，教材出版商至今也不曾為非華語中學生出版正式的中文教科書。坊間常見的非華語學生中文教材大多是由招收非華語學生的學校自行研發出來的校本教材，但校本教材的通用層面畢竟有限，而且部分教材參考中國內地或外國的語言環境作為選材背景，內容不符合香港的語言文化環境，非華語學生對此也感到陌生。

4.1.2　中文老師對非華語學生中文第二語言教材的需求分析

1. 自編／校本教材未能準確對應非華語學生的學習興趣

　　目前，不少老師主要是運用一些自行編寫的校本或班本教材，結合日常生活或者非華語學生常接觸的主題（例如飲食、節日、宗教等）進行教學。然而，老師自行編寫的教材或者學校研發的校本教材未能確切對應非華語學生的學習興趣，例如受訪老師一指出，他所編寫的班本教材是參考了本地的教科書、外國書籍、考評局的歷屆試題和一些網上材料等，但是這些教學材料只能滿足學生的考試需要，卻不能引起他們的學習興趣。

2. 現有教材未能照顧非華語學生的學習差異

　　非華語學生的中文水平參差，對前線老師尋找適用的教材給他們使用帶來極大的挑戰。三位受訪老師均指出，由於學生的中文程度差異太大，很難使用一套通用的標準教材來給他們上課。校本教材或者老師自行編寫的班本教材，也較難有效評估到所用的材料是否照顧到不同學生的中文水平，例如受訪老師三便指出，他較難真正評估所設計的教學內容是否適合學生，編寫的時候自覺可以適合學生的中文水平，但實際應用時卻出現內容過深或者過淺的情況。

4.2　研究問題二：《八達通》教材之設計

4.2.1　教材的主題

　　《八達通》教材重視從生活化的情境中收集常用的、有趣的主題和內容，以啟發非華語學生學習中文的興趣。教材各個單元的主題與GCSE課程相配合，如表7.2所示（見頁76）。

4.2.2　教材發展的理論基礎

　　《八達通》教材系列發展的理論是建基於系統功能語言學家Halliday、Martin的文類（genre）和語篇（text）理論，以及參考Christie（2002）、Rothery（1996）等學者的文類功能寫作教學法（岑紹基，2015）。Halliday（1978）指出：「語言之所以這樣安排，是取決於它們的功能目的。」（Language is as it is because of what it has to do.）

　　文類是指從系統功能語言學引申出來的各種語言體式（Halliday, 1994），而《八達通》教材一書四冊就分為四個不同的文類主題，依次是第一冊為描述文

表7.2：《八達通》四冊教材各個單元的主題 (岑紹基，2015)

  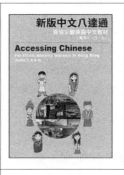 

第一冊	第二冊	第三冊	第四冊
單元一：我和我的家人 單元二：我們的外表 單元三：我們的愛好	單元四：日期與時間 單元五：生活與交通 單元六：四季、天氣與衣著	單元七：悠閒生活 單元八：旅遊見聞 單元九：飲食文化	單元十：大眾傳媒 單元十一：就業 單元十二：從家庭到社區

類、第二冊為記敍文類、第三冊為解說文類、第四冊為議論文類。這樣的分類是按照單元課題的性質組合，透過不同單元的主題訓練，學生掌握不同文類的表達技能 (岑紹基、祁永華、林鄧碧霞，2017)。老師可按照非華語學生的中文程度選擇適當的教材內容，並由淺入深、循序漸進地進行教學。

4.3 研究問題三：《八達通》教材之發展

　　《八達通》教材最早於2009年出版，其後經過不斷修訂，使教材更能配合GCSE中文課程新的教學和考評要求。《八達通》教材系列的編輯，有專業的編輯和校對團隊。根據受訪教材編輯的意見，在教材研發初期，編輯團隊大概每星期會面一次，商討如何搜集教材參考資料，以及建構教材的主題內容和架構。待整體教材內容主題和架構議定之後，編輯團隊隨即進行資料整理、考證，然後編寫教材，以確保教材的主題內容和詞彙句式均符合非華語學生的心智年齡發展、中文水平和學習需要 (見圖7.2)。

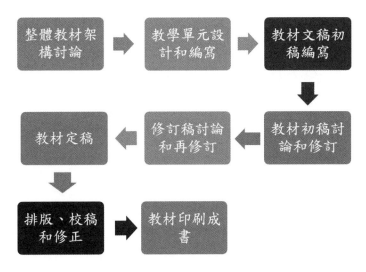

圖7.2：《八達通》教材的編輯流程圖

4.4　研究問題四：《八達通》教材之實施

4.4.1　前線老師對《八達通》教材的應用

1. 中文老師一

在受訪的三位前線老師中，中文老師一和中文老師二主要運用《八達通》教材作為輔助教材，他們均表示會使用自己所編寫的教材來上課，而《八達通》教材乃作為補充教學材料之用。因此在教學過程中，兩位老師主要是參考書本中一些相關的課題練習作為上課所用的材料。例如中文老師一指出他運用《八達通》教材的教學目標，是希望學生能理解教材篇章的內容和詞句意思。他的具體做法如下：

> 根據主題引入，根據我要教學的文章和內容作出的問答，讓他們提前熱身。接着就會按着順序說，我自己可能會要求學生一起讀。一邊讀，我就會拆解裏面的字眼和句式。

老師的做法是按照篇章講解的形式進行教學，重視教導學生認讀課文字詞、理解課文句式和篇章結構。

2. 中文老師二

　　另一位中文老師也是應用《八達通》教材作為上課的輔助教材，他的教學目標是希望學生能辨識教材篇章的文步結構和內容大意，其應用教材的方式主要是：

> 那些字詞句式，也都會請他們highlight（標示），會透過練習本讓他們抄。句式方面，highlight（標示）之餘都會嘗試請他們去模仿寫作。接着到了篇章的文步結構，能讓他們知道文章的結構，每一段有甚麼內容要寫。

　　除此之外，老師也會配合教材來設計一些分組活動給學生參與，盡量讓每一組都有不同能力的學生，大家可以互相學習。可見老師對於課文篇章的講解主要是從標示字詞、運用句式寫作，以及根據篇章結構仿作等來實施教學，並重視透過分組活動來協助教學。

3. 中文老師三

　　中文老師三主要是用《八達通》教材作為上課的主要教材，即以《八達通》教材作為他上課所用的教科書，而他的教學目標則是希望不同程度學生均能辨識教材篇章的內容和詞句意思。在教材應用方面，老師認為需要視乎不同的對象，適當地將內容加深，並且配合學生在日常生活中接觸到的事物和當時的季節，結合教材上課。

4.4.2 教學顧問觀察前線老師應用《八達通》教材時遇到的挑戰和解決方法

　　為更深入了解前線老師的實際教學情況，研究者還邀請了一位教學顧問進行訪談，嘗試從課堂觀察的角度，探究前線老師在應用《八達通》教材進行教學時遇到的挑戰和解決方法。這位教學顧問在經過一整個學年的觀課之後，對於中文老師應用《八達通》教材施教有如下的看法：

> 一些經驗較少的老師如果教到某一個主題，可能是幾頁，影印之後就在投影機上放出來，讓學生去看。一些有經驗的老師，讓學生先看完之後，然後抽一些重點去問他們，然後才是再教一下他們。

　　可見，從觀課的角度看，教學顧問指出部分中文老師應用《八達通》教材時，做法略為單調，以影印篇章和工作紙、並放在投影機上顯示出來進行教學為主，未能確切對應到學生的學習需要，而且教法重視老師講授為主，較少組織任何的分組協作活動。

　　因此，教學顧問指出中文老師應用《八達通》教材時遇到的最大困難是，大部分學生無法投入老師的課堂教學，表現得精神不集中。而她建議的解決方法是老師在教學的時候，可以根據學生的能力而自由調節教學內容，而不應該將《八達通》教材所有的課程教學內容全部影印出來。如果只是讓學生重複「閱讀篇章、做填充問答、再做連線」等單一的題型，會令學生厭倦這種單調的教學模式，因此老師應該根據自己學生的學習能力，用其他不同的活動去帶動他們在聽、說、讀和寫四方面的學習。

4.5　研究問題五：《八達通》教材之評鑒

4.5.1　透過教學顧問的實地觀課回饋以確保中文老師有效實施本教材

　　參與本研究的教學顧問為資深的中文老師，每學期均觀察前線老師的教學情況兩次，以確保老師的教學素質，並深入了解《八達通》教材的實際運用情況，以及評估教材的運用成效和挑戰，繼而提出切實可行的教學建議。例如，教學顧問發現不少前線老師在使用《八達通》教材時只會依書直說，沒有作出任何的調適，於是在回饋意見上給予前線老師一些關於如何根據學生能力來調適教材的建議。

4.5.2　透過老師訪談以了解前線老師對教材實施成效的評價

　　岑紹基（2015）及本章研究者均曾對使用《八達通》教材的前線老師進行教學後的訪談，以了解他們對於教材實施的成效，以及使用《八達通》教材教學時遇到的挑戰和解決辦法。

五、結論和建議

　　總的來說，本章透過分析《八達通》教材的編寫過程、編寫原則和實施情況等，結合前線中文老師和觀課教學顧問的訪談意見，了解這一套教材的發展歷程，評估教材付諸實踐的成果，作為探究香港非華語學生中文第二語言教材發展的視點，並為未來研發適用於非華語學生中文學與教的教材指明方向。

5.1　教材編寫的理念：從語境切入學習語言

　　《八達通》教材的編寫理論重視從語境入手，在每一課範文學習之前，都有特定的情境學習，讓學生先熟悉相關的學習背景，親身體會中文使用的語境和交際功能，激活已有的知識和心理詞彙，使他們在往後的學習中更加得心應手。這一點為研究者所認同，中文第二語言教材的編寫理念應該重視從語境切入，強調語言學習的真實性和實用性。語境是指語言生成並產生意義交流時的周遭環境。系統功能語言學認為，語境對於語言學習至關重要（Halliday, 1994），因為語言的選擇取決於周遭環境和溝通對象的表達需要，說話人會針對特定的情境選擇合適的語言來表情達意，從而形成有意義的對話。而情境的設計，則以「生活化」和「真實化」為考量，盡量創設接近真實生活的情境來引導學生學習（陳雅鈴，2016；Baker, 2011）。由此可見，學習語言，應從語境入手，了解語境，選擇得體的溝通語言，最後生成語篇（岑紹基，2010）。而中文第二語言教材的編寫需要從日常生活中提取合適的主題內容和實用性強的功能用語，方能有效提高學習者對於使用中文語言的興趣。

5.2　重視學習語篇的字、詞、句和通篇結構

　　《八達通》教材的編寫者參考系統功能語言學的語篇理論（岑紹基，2015；Halliday, 1985），重視語篇的學習，認為語言包括單字、詞語、短語、句子、段落乃至通篇，若想理解文章的意思，可從字詞層次和句子層次去了解。但若想進一步閱讀整篇文章，就需要從通篇層次並結合語境和教學文類去了解（岑紹基，2015）。所以，語篇的通篇層次對於構建有意義的溝通交流相當重要。中文第二語言教材的編寫也應該重視語篇的輸入，由語篇的閱讀輸入帶動篇章寫作，並需要對語篇的通篇層次作文步結構分析，重視教學範文須包括多樣化的詞彙、用語和句式，並具備結構完整而且準確的圖式結構，使篇章閱讀顯得立體化和系統化。

5.3　適當調適不同的教學內容

　　香港非華語學生的中文水平不一，學習差異極大，較難使用一套標準劃一的教學材料以供全部師生教學之用，因此任何一套校本、班本或者教科書材料在用於實際教學之前，都要經過適當的內容剪裁和難度調適。老師須充分了解所教學生的實際語言水平和學習需要，方能靈活增刪不同的教學內容，制定有效的分層教材、分層工作紙等，使教學材料幫助到不同能力學生的中文學習。

因此，《八達通》教材的編寫和修訂，以及中文第二語言教材的發展，應該設計不同難度的分層教學內容（詳參本書第4章），例如不同篇幅和難度的篇章及詞句練習題等，均須設置分層學習內容，這樣才能有效照顧非華語學生的學習差異，如再配合實施有效的中文第二語言教學法，則更能幫助學生提高中文水平。

5.4 聽、說、讀、寫教學的有機結合

有不少中文漢字是屬於象形符號系統，但是非華語學生所掌握的英語或其本身母語例如菲律賓語、巴基斯坦語等，都是以拼音文字系統為主，缺乏字型、字義的概念。然而，很多南亞裔學生在香港出生，或已在香港定居多年，常年浸淫在中文粵語的語言環境中，不少人即使無法閱讀和寫作中文篇章，但基本上能聽懂粵語和能說粵語，與本地華人日常溝通並無太大障礙。而對第二語言學習者來說，語言學習和生活溝通交流息息相關，學習語言需要在一個互動、溝通的環境中進行，才能使話語的交流變得有意義。因此，學習中文漢語，可先從學習說話和聆聽開始，奠定良好的溝通基礎之後，再延展至學習認字、寫字，繼而學習閱讀和寫作。所以，《八達通》教材的每一課次在開始之前，都設有說話或聆聽練習等熱身活動，讓非華語學生沉浸在粵語交流的環境中，增加學生對篇章課題和詞句意思的理解。

研究者也認同，中文第二語言教材的編寫應該重視聽、說、讀、寫教學活動的有機結合，先聽說，後讀寫。參考《八達通》教材的編排體例，中文第二語言教材的編寫者可以在編寫閱讀篇章之前，先設計一些與所學主題相關的口語練習或聆聽練習，讓學生先對所學主題有一定的認識，引發其學習興趣，繼而循序漸進地學習篇章內容。透過聆聽的輸入，可以幫助學習者建構對中文語言使用的語法點、語言模式有一個初步的印象。而說話練習的輸入，則可以透過各種有趣的方式來進行，例如運用圖片、字卡、影片等設計熱身活動，然後結合這些材料來帶動學生的討論興趣，增加他們對所學課題的認識。

5.5 英文輔助說明和粵語拼音的有效運用

許多在港的非華語學生，視中文為第二甚或第三語言，由於這些學生本身的母語系統較接近英語的拼音文字系統，因此為了方便他們更清楚地理解中文字詞的意思和教學活動的指引，以及照顧不同能力學生的學習需要，《八達通》教材提供必要的英文輔助文字說明。而英文輔助文字主要分為五大類，包括：(1) 每篇範文之後的字詞表的英文解釋；(2) 每個教學活動標題的英文指引；(3) 選擇題的英文句子；(4) 說話練習的英文說明文字；(5) 寫作練習的英文說明文

字。研究者認為，適當地運用英文作輔助文字說明對於中文第二語言學習者不無裨益，可以加強學生學習語言的信心。但是英文輔助文字的運用，需要有一個「度」的把握——中文為主，英文為輔，英文文字的出現是為幫助學生更好地理解中文的內容和文字意思，而不能超越中文成為教學內容的主體。

香港的非華語學生生活在粵語環境中，與本地人溝通主要用粵語，而粵語拼音的提供也是給予非華語學生在認讀中文方面的支援。《八達通》教材的粵語拼音編排在全書最後的詞彙表內，對應書本各個單元出現的重點生詞的中、英文解釋。研究者認同中文第二語言教材可以提供粵語拼音的資料，主要是考慮到不少非華語學生的英語水平通常較中文為高，而且較多非華語學生本身的母語接近拼音文字系統，為方便非華語學生較容易辨認字詞的讀音和理解詞語意思，也方便懂得粵語拼音的中文老師在課堂施教，所以在詞彙表內特別加上粵語拼音一欄，有助學生和老師檢索中文字詞的粵語讀音。

5.6　加入文化賞析的元素

語言的學習與文化息息相關，學習任何一種語言，均須了解當地的文化特徵。語言是文化的載體，而文化透過語言來傳遞各種訊息 (陳雅鈴，2016；Baker, 2011)。香港的非華語學生來自不同的國家和族裔，語言和生活文化各有差異。為了加深非華語學生對中國文化和香港本土文化的認識，以及讓學生可與其他族裔的同學分享本族文化，增加不同民族之間的融和以及彼此尊重，《八達通》教材加入各類文化主題的範文、教學活動等，例如認識不同國家的國旗和節慶、飲食文化等，以培養學生對不同國家和族裔文化的欣賞。

非華語學生要想學好中文，除了與本身的語言背景、學習態度和動機等因素有關之外，他們所用的中文第二語言教材也扮演着重要的角色。研究者認為，中文第二語言教材的發展方向須加入中國文化賞析的深層元素。隨着近年愈來愈多非華語學生融入主流學校就讀，並和本地華語學生一起學習主流中文課程，他們有足夠的能力學習更深層次的中國文化知識，培養學習中文的興趣。第二語言教材只是一塊踏腳石，非華語學生仍應以學習本地主流中文課程、真正融入香港主流社會為目標。

參考書目

岑紹基 (2010)。《語言功能與中文教學：系統功能語言學在中文教學上的應用》。香港：香港大學出版社。

岑紹基、祁永華、林鄧碧霞 (2017)。《新版中文八達通》第一冊修訂版。香港：香港大學教育
　　學院中文教育研究中心。

陳雅鈴 (2016)。〈幼兒園客語系列教材發展歷程及成果〉。《全球客家研究》，第7期，頁265–
　　298。

戴忠沛 (2014)。〈香港多元族裔的歷史淵源〉。載於王慧芬、葉皓羚 (主編)：《無酵餅：「中文
　　為第二語言」教與學初探》。香港：香港融樂會。頁48–77。

關之英 (2012)。〈中文作為第二語言：教學誤區與對應教學策略之探究〉。《中國語文通訊》，
　　第91卷第2期，頁61–82。

Baker, C. 2011. *Foundations of bilingual education and bilingualism*. Tonawanda, NY: Multilingual
　　Matters.

Christie, F. (2002). *Classroom discourse analysis: A functional perspective*. London, New York:
　　Cornwall.

Halliday, M.A.K. (1978). *Language as social semiotic: The social interpretation of language and
　　meaning*. London: Edward Arnold.

Halliday, M.A.K. (1985). *Spoken and written language*. Geelong: Deakin University Press (repub-
　　lished in 1989, Oxford University Press).

Halliday, M.A.K. (1994). *An introduction to functional grammar*. Second edition. London: Edward
　　Arnold.

Peterson, C. (2003). Bringing ADDIE to life: Instructional design at its best. *Journal of Educational
　　Multimedia and Hypermedia*, *12*(3), 227–241(15). Academic One File. Gale. University of
　　Florida.

Rothery, J. (1996). Making changes: Developing and education linguistics. In R. Hasan and G. Wil-
　　liams (Eds.), *Literacy in society* (pp. 86–123). London: Longman.

第三部分：

中文作為第二語言的教學法

第 **8** 章

應用戲劇教學法幫助中文第二語言學生有效學習的實證研究：初探與啟發

羅嘉怡、胡寶秀、祁永華、鄧啟麟

　　戲劇和語文的關係十分密切。不少學者和教育同工驗證過戲劇教學法對促進英文作為母語或外語學與教的成效，證實效果顯著。在香港，非華語學生學習中文的過程中遇到很多困難和挫折，香港大學中文教育研究中心自2013年起開展支援計劃，並嘗試運用戲劇教學法幫助非華語學生學習中文。

　　本章第一、二節交代研究背景、介紹戲劇教學法與學校教育、第二語言習得的關係，以及中文作為第二語言的學與教困難；第三節分析戲劇教學法如何配合中文作為第二語言學習的發展，包括：提升學生聽說讀寫、品德情意、高階思維等能力；提升學生的學習動機和自主學習的態度，減輕學習焦慮，以及幫助照顧學習差異等。第四節通過多個個案分析，説明如何在非華語學生濃度不同的學校、不同的級別、不同的中文課程中運用戲劇教學法，以達成不同的學習目標，同時探討戲劇教學法應用在中文第二語言學與教的特色和效能。第五節討論本研究的先導經驗對運用戲劇學中文的啟發，最後第六節為總結及展望。

　　關鍵詞：中文作為第二語言教學；戲劇教學法；第二語言習得；多個個案研究；照顧學習差異

一、前言

　　中文是表意文字，與非華語學生的母語和英語等表音文字有較大的差別，故他們學習時倍感困難。有些學生會有極長的沉默期（silent period），原因是受

語言能力限制而不能有效表達想法，無法積極參與課堂活動，導致學習進展緩慢、學習動機低落（Loh, Leung, Tam, and Lau, 2017; Loh, Mak, and Tam, 2015）。

　　古希臘哲學家亞里士多德在《詩學》（公元前 347 年）中提出戲劇是生活的模仿，孩子通過扮演遊戲，觀察和學習成人的說話和行為，從中習得生活所需要的技能。若我們認同模仿生活是有效的學習方法，戲劇教學法應是甚具可塑性和研究價值的教學策略。

　　歐美不少學者證明戲劇教學法能促進英文（作為母語或外語）學與教的成效。本章擬從理論角度解構戲劇教學法與第二語言習得的關係，並通過多個個案分析（multiple case study），探討戲劇教學法應用在中文第二語言學與教的效能，及其持續發展的可能性。

二、戲劇與教育

　　多位戲劇教育先驅把戲劇教學法引入學校（見表 8.1）。雖然他們對戲劇在教育上的應用有不同看法，但均認同有效教學應以學生為中心。這些先導研究對日後戲劇教學法的發展有深遠影響。

表 8.1：戲劇教育先驅的主張

名字	年份	主張
Harriet Findlay-Johnson	1871–1956	著有 *The Dramatic Method of Teaching*（1911），認為讓學生參與戲劇扮演，可幫助他們吸取並消化知識；通過戲劇創作，可展示學習成果（Bolton, 1999: 12）。
Henry Caldwell Cook	1886–1939	出版 *The Play Way*（1917），認為學生通過扮演遊戲，能夠代入處境中學習。角色的行動給予自由學習的空間（Bolton, 1999: 28）。
Peter Slade	1947–1977	著作 *Child Drama*（1954），認為兒童戲劇應以學生為中心，反對複製成人的劇場表演，也不是表演教師的作品（張曉華，2010：53–57）。
Brian Way	1923–2006	著有 *Development through Drama*（1967），提出戲劇（drama）與劇場（theatre）的二元對立；劇場是演員與觀眾的溝通，戲劇則強調參與者的經驗。兩者的目的和焦點不同（張曉華，2010：58–69）。
Dorothy Heathcote	1926–2011	認為戲劇是信以為真（make believe）的體驗過程。學校課程不應割裂成不同學科，應以戲劇把學習設置於生活情境中；通過即興創作（improvisation）把戲劇用於教育（drama in education），其教學理念載於 *Dorothy Heathcote: Drama as a Learning Medium*（1976）（Wagner, 1999）。
Gavin Bolton	1927–	著有 *Towards a Theory of Drama in Education*（1979）、*Drama as Education*（1984）、*Acting in Classroom Drama: A Critical Analysis*（1999）等；認為學習不只是經歷，反思更為重要。戲劇課應該講究規則和結構，學生沿這框架自由探索，過程中或完結後，老師激發他們作持續的分析和反思（張曉華，2010：80–86；舒志義，2012：161）。

　　從文獻回顧發現，戲劇教學法起初並非特別針對語文科。然而，語言是戲劇的重要組成元素——觀眾可以從旁白、獨白、對話等，推敲劇中人物的個性、處境、立場，甚至批判角色及其行為；把戲劇教學法應用到語文科是自然而合適的。歐美的學者和老師把戲劇教學法運用到英文作為母語或第二語言教學上的效果亦甚顯著（例如Bolton, 1984; Heathcote, 1980; Neelands, 1992; O'Neill, 1982; Winston, 2012）。

　　香港的教育同工亦曾嘗試採用戲劇教學法，幫助中小學生學習中文和中國文學（例如何洵怡，2011；廖佩莉，2010；羅嘉怡，2017等），特別是幫助不同級別、不同程度的學生發展認知和聽說讀寫能力，提高學習動機和課堂參與度；解決中文科枯燥乏味、學習效能欠佳等問題。然而，把戲劇教學法應用到中文作為第二語言的教學仍屬起步階段。

三、戲劇與中文作為第二語言學習

3.1　中文作為第二語言的學與教困難

　　近年，學習中文的非華語學生人數顯著增加，取錄他們的主流中學從31間急增至200多間（立法會，2016）。中文是香港主要的溝通語言，為了融入社會並爭取更好的升學和就業機會，他們急需學好中文（Loh and Tam, 2017）。不過，中文跟他們的母語在語法系統上有很大分別，令學習倍感困難（Tse and Loh, 2008; 2010），加上他們在生活中甚少使用中文，故遺忘率高，以致學習動機和學習效能也欠佳。

　　此外，老師們反映欠缺適合非華語學生興趣和程度的教材和教學法，學生的差異又太大，難以兼顧。還有，要在短時間內提升學生的中文水平，應考GCSE和GCE的中文考試（用以取代香港中學文憑考試），以獲取申請香港各所大學的資格，十分吃力。老師們面對這種種的挑戰，本章作者認為戲劇教學法能有效幫助他們應付上述的困境。

3.2　聽說能力的發展

　　學習語言的序列是聽說、識字、閱讀和寫作（羅嘉怡、謝錫金，2012）。我們通過聆聽別人的話語，學習分辨不同語音所代表的意思，積累口語詞彙，形成語言意識；這個語言習得階段就是沉默期（Taeko, 1989）。當積累一定數量的語音詞彙後，我們開始模仿最常聽到的話語，學會説話；通過反覆練習，習得語

法。接着，我們會學習把語音、語意跟字形連繫，結合形音義為有機的整體。不過，中文並非拼音文字，香港的中文教學亦不教授粵語拼音，漢字反映讀音的部件亦是一個漢字，故非華語學生必須認讀漢字，方能發展閱讀和寫作能力（羅嘉怡、謝錫金，2012）。

第二語言習得論學者Krashen（1985; 1989）提出**輸入假設論**（input hypothesis），認為語意非常重要，學生只有了解其意義（即可理解輸入），才能學會語言及其規則，並作有意義的語言輸出（output hypothesis）（Krashen, 1981; 2003）；而且在自然環境下獲取的知識，學習成效會更顯著和持久。Long（1985, 1996）進一步提出**互動假設**（interaction hypothesis），認為人際互動提供大量可理解的輸入與輸出，在真實的環境中學習語言。此外，很多第二語言習得理論都強調**語境**和**從交際建立語言**的重要性，例如Bernstein等（Stinson and Winston, 2014: 1）；學生能藉此建立和連結文化與社會經驗（Vygosky, 1978）。若習得過程能調動學生的情意、學習動機和信心等，則事半功倍。

3.3 聽說讀寫、品德情意、高階思維──綜合語文能力的發展

戲劇教學法能配合第二語言習得理論，讓學生在真實的環境中學習語言，因為語文學習和戲劇一樣，需要結合語言和語境；語言是戲劇的基石（O' Neill and Lambert, 1982: 4），語境是戲劇的主要元素（O' Toole, 1992）。

學生喜歡參與老師設計的戲劇教學活動，願意深入理解文本內容，揣摩角色的處境、人際關係和感情，甚至是角色之間的矛盾，以便用最恰當的神情、語調、肢體動作等演活角色。他們不自覺地用各種方法克服認讀漢字的困難，忘記了所讀的是中文篇章，因為他們在意的是要在眾多同學面前演好一場戲！為了演活角色而反覆閱讀文本；小組成員互相幫助，尋找篇章中的重要片段和隱藏的訊息，分析並綜合主旨，推論角色的性格和關係；深入剖析文本所描述的社會狀況如何影響角色的情緒起伏，為演出做準備。

閱讀過程中學生自然地建構**讀者處境模型**（situational model），邊讀邊想像篇章所描述的情境，建構心理形象、視覺想像、因果關係及情感等各種心理表徵（羅燕琴，1997；Bestgen and Dupont, 2003; Johnson-Laird, 1983; Noordman and Vonk, 1998; van Dijk and Kintsch, 1983）。同時，戲劇活動幫助學生代入人物的遭遇而產生移情作用，認知與情緒結合，最終能對作品賦予個人意義，達成Iser（1978）及Rosenblatt（1968）提出的**讀者反應理論**（reader-response theory）。所以，戲劇教學法能發揮中介（mediation）作用，引導學生主動地與文本互動，從而進入高層次的理解世界，體會和欣賞篇章的藝術價值（Berk and Winsler, 1995:

36; Loh, 2015），促成品德情意的昇華（何洵怡，2011；孟昭蘭，2005）。同時，他們不自覺地掌握了語境，學會了語言。

此外，戲劇學習活動製造運用語言的機會，符合 Brown（2000）提出的語文教學原則，即為學生創造互動學習的環境。通過複述或設計角色對話，學習用口語表達想法，縮短沉默期；通過協作發展聆聽能力，促進生生與師生之間的互動（羅嘉怡，2017；Woo, 2015）。第二語言學習成為一種體驗，而非抽離的文字技巧練習（Winston, 2004）。

完成戲劇學習活動後，學生對文本已有透徹的認識，若能配合總結和評講，以及延伸的寫作任務，例如讓學生代入角色寫作（writing in-role），把戲劇活動所產生的意念和感受，催化成寫作動機和素材（Chang, 2012: 10–11），能減低他們對寫作的恐懼。對於弱能力學生，戲劇學習活動能幫助他們以肢體動作輔助語言表達，他們只需要把課堂上演繹過的內容和感受寫出來，便能成為一篇完整的文章，寫作不再是苦差。

3.4　打破心理障礙，提升學習動機和自信，培養自主學習的態度

協作學校的老師曾指出，班內一位學生學習中文多年，聆聽和理解能力都沒有問題，但就是不肯說中文。老師看準這位學生的志願是當警察，於是在課堂活動上加入戲劇元素，讓他代入警察的身份說一句對白。這位學生終於肯說出第一句中文，自此便愈講愈多，成功打破沉默期。因為所有同學都參與其中，在同儕的推動下躍躍欲試，減輕了語言的焦慮（language anxiety）（Horwitz, Horwitz, and Cope, 1986）。

戲劇教學法能給學生想像的空間，以活潑的方式帶動學習。學生們着緊的不是學習進度，而是要參與課堂演出。他們認真備課，積極參與討論，反覆練習對白。作者就曾目睹一位非華語學生參與戲劇活動前後的轉變：由開始時不肯參與小組討論，戲劇活動期間被安排扮演一個沒有對白的角色（魯迅《風箏》中被哥哥摔到地上的風箏），獲得讚賞而建立對學習的信心，戲劇活動後主動打開筆記簿紀錄老師的講評；整個改變只不過用了30分鐘。

3.5　照顧個別差異

適合中文課堂的戲劇教學法很多，對學生的能力有不同的要求，老師可因應需要，選用或結合使用不同的戲劇活動。

例如**凝鏡**（still image）要求學生從文本找出最重要的片段，運用肢體動作把情境展示出來；組長需要解釋想法和理據，其他組員沒有對白。故此弱能力學生

可擔任組員，能力高者可擔任組長；本戲劇習式 (dramatic convention) 亦適合首次接受戲劇教學法的學生。

凝鏡加上**思路追蹤** (thought tracking) 的習式是老師可以邀請任何一位參與凝鏡活動的學生代入角色，說出該角色當下的感受；配合不同層次的提問，不同能力的學生都能用口語表達；學生得到賦權，自然增加學習信心。

角色扮演 (role play) 是常用的習式。老師可安排弱能力學生扮演沒有對白的角色，以減輕心理壓力。例如上文提及魯迅《風箏》的例子，弱能力學生扮演風箏，演活魯迅把弟弟的風箏摔落地下的情境，能力強者可分別扮演魯迅或其弟弟。

其他學習效果顯著的戲劇習式還包括**獨白** (soliloquy)、**朗讀劇場** (reader's theatre)、**良心小巷** (conscience alley)、**座談會** (panel discussion) 等，不過這些習式都需要學生運用較多中文表達。老師可以讓能力較好的學生先完成，起示範作用；至於能力稍遜或自信心不足的學生，可參考其他同學的意念後再發揮。老師若能靈活運用不同的戲劇教學法，照顧學生的個別差異就容易得多了。

戲劇教學法靈活多變，易於應用，可同時促進中文水平，提升認知、情意及社交等幾方面的能力 (Kao and O'Neill, 1988: 4; Liu, 2002: 57)，並配合第二語言習得理論，不但能增加課堂的參與度，還能照顧非華語及華語學生的學習需要。

四、中文第二語言戲劇教學的多個個案與成效

由於目前非華語學生遍布不同濃度的學校[1]，所以衍生不同的學與教問題。本章從眾多實踐例子中抽取三個較具特色的示例，說明戲劇教學法如何運用在不同的課堂環境。

4.1 中學甲：低濃度學校

全校學生總人數307人，非華語學生人數5人，佔全校1.6%。他們跟華語學生一起學習為母語學生編寫的中文課程。學生的中文差異大，學與教皆甚困難。參與戲劇教學法的中一班共有35人，非華語生只有2人，其中一人的

1.　按香港教育局 (2014) 的標準，低濃度學校是指全校非華語學生人數只有9人或以下，可能集中在同一級別或分散在不同級別；中濃度學校是指非華語學生人數介乎10至90人；高濃度學校是指非華語學生人數達91人或以上 (資料來源：http://www.edb.gov.hk/attachment/tc/student-parents/ncs-students/new/CM_2014%2006%2005_TC.pdf)。

中文程度較好,能閱讀簡單的篇章;另一人的程度較弱,識字量少,閱讀能力欠佳。老師要教授的是《風箏》,運用的戲劇策略是定格(still image)和即興劇(improvisation)。

《風箏》是一篇白話文,非華語學生的難點是文中艱深的詞彙及隱含的情感變化;學習重點是第三至五段。老師把學生分成七組,分別閱讀部分內容;華語學生中文程度較佳,能協助非華語學生理解段落大意、作者和弟弟的思想感情。然後,老師逐一説出以下情境,抽選學生以定格做一個動作/表情(見表8.2)。

表8.2:《風箏》的學習重點,分組安排及學生運用定格所表達的情感

組別	段落	情境	學生的動作/表情
1.	第三段	弟弟看着別人放風箏	興奮
2.	第三段	作者對弟弟喜歡風箏的態度	不滿、鄙視
3.	第四段	作者走進放雜物的小屋,看見弟弟偷偷造風箏的反應	憤怒
4.	第四段	弟弟被哥哥發現偷偷造風箏時的反應	驚慌
5.	第四段	作者折斷風箏翅骨時的反應	滿足
6.	第四段	作者折斷風箏翅骨時,弟弟的反應	傷心/驚訝
7.	第五段	作者明白遊戲對兒童的重要性時的反應	內疚

進行定格時,老師提問學生:(1)這個動作/表情表現出作者或弟弟哪一種感受?(2)為甚麼作者或弟弟有這樣的感受?完成後再提問學生關於作者的思想感情有何變化?

接着,老師採用**即興劇**,讓學生把情境(context)完整地呈現出來;通過代入角色,體會人物的感情。每組學生負責部分內容,他們要分配角色、討論演繹方法和準備演出。兩位非華語學生被分派到不同組別,分別扮演一扇門和風箏。每組演出後,老師都會提問課文的內容、作者和弟弟的感受,板書情感詞,並着學生將詞語寫在相關段落旁邊。演出完成後,老師利用黑板上的詞語,歸納作者和弟弟思想感情上的變化。

根據課堂觀察,學生的反應熱烈(見圖8.1),兩位非華語學生都能跟上學習進度;觀賞同學的演出,讓他們更具體理解段落的意思。所有學生都能對課文內容和人物的思想感情加深了解,即使弱能力非華語學生都能在延伸寫作時運用學過的情感詞來表達想法(見圖8.2)。

圖8.1：學生進行凝鏡的情況

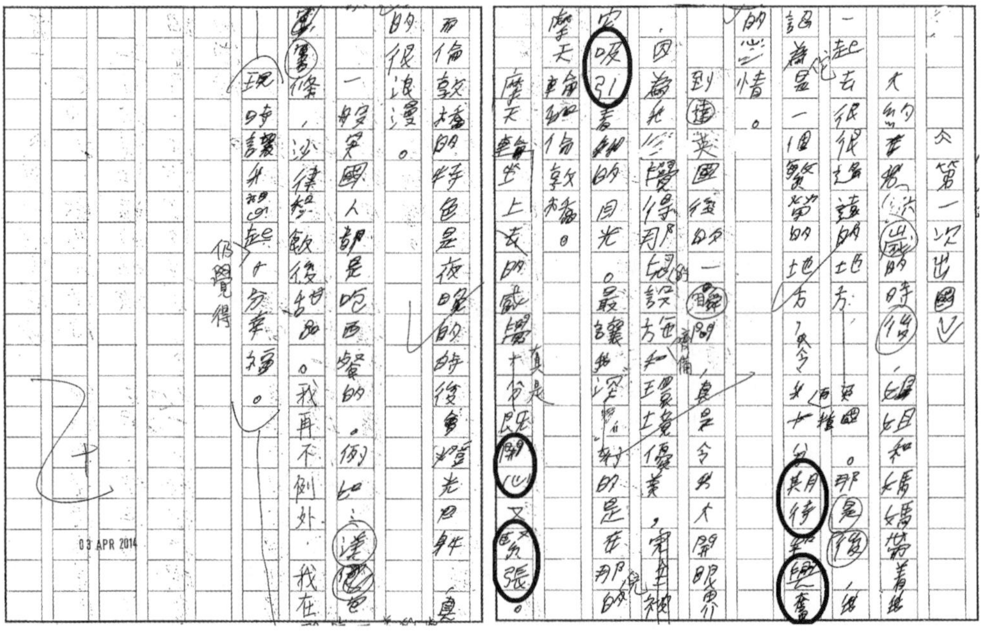

圖8.2：弱能力非華語生的延伸寫作

4.2 中學乙：中濃度學校

　　全校學生總人數超過800人，非華語學生人數只有20人，分布在不同級別，佔全校2.4%。參與的中一級班別只有3位非華語生，中文能力差距甚大。班上還有幾位有特殊學習需要的學生，老師教學時甚為吃力。是次教授的是《木蘭辭》，運用的戲劇策略是獨白和座談會。

　　古詩對非華語學生的難度甚大。老師先解釋詩歌的意思和艱深的文言字詞，然後幫助學生理清事情的脈絡，並分析花木蘭的行為及性格。

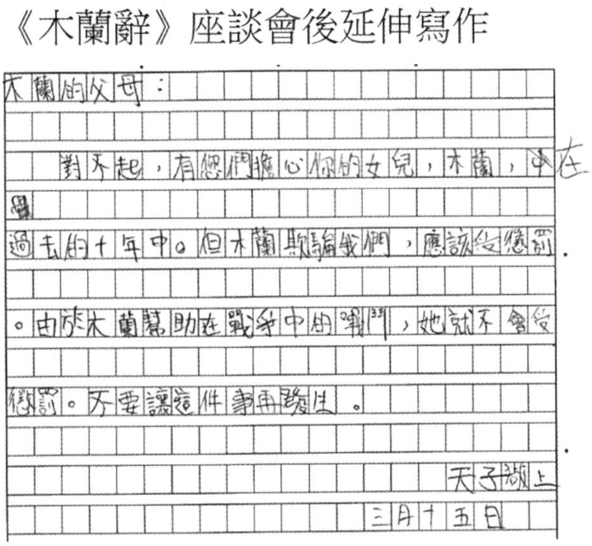

《木蘭辭》座談會後延伸寫作

木蘭的父母：

對不起，有您們擔心你的女兒，木蘭，在過去的十年中。但木蘭欺騙我們，應該受懲罰。由於木蘭幫助在戰爭中的戰鬥，她就不會受懲罰。不要讓這件事再發生。

天子敬上

三月十五日

圖8.3：弱能力非華語生的延後寫作

由於這是一首敍事詩，較少談及角色的心理狀況，因此老師用獨白策略，幫助學生掌握角色的心理。學生分成六組，每組代入一個角色，包括花木蘭，她的父親、母親和弟弟，天子和士兵，分述對木蘭代父從軍這件事的感受；老師則擔任主持人（teacher-in-role），台下同學代入角色向其他角色提問，老師歸納各組的心理獨白，並板書關鍵詞。除花木蘭、她的父母和弟弟外，其他角色都是虛構的，目的是希望學生能從不同角度揣摩和想像詩歌所表達的情意，體會各個角色的思想感情。老師（主持人）、角色與台下同學之間的互動，互相促進對作品的了解，體味親情，達到品德情意的昇華。

老師指出採用戲劇教學法後，整體學生參與度更高，非華語學生的學習態度有明顯改善，更能理解課文內容，甚至能與華語學生作深層次的討論。從學生的延後寫作可見，即使弱能力非華語生對《木蘭辭》也有深刻的體會，並能代入天子的角色寫一封信去表達想法（見圖8.3）。

4.3 中學丙：高濃度學校

全校學生總人數為316人，非華語學生共135人，佔全校43%。校方為他們編寫校本中文作為第二語言課程，其他學科則跟華語學生一起學習。老師指出參與本研究的中二級學生的説聽及識字能力弱，閱讀速度慢。研究團隊建議老師運用對白創作和朗讀活動：前者是要鞏固和發展學生的識字、寫作能力，後者讓學生通過朗讀來提升説話能力，並提高閱讀的流暢度和理解層次。

　　教材改編自《童夢奇緣》，目標是希望學生思考生命的價值，學會珍惜生命。因學生的能力不高，故老師挑選第三及四章作重點教學。內容是主角喝了生命水後的遭遇，具懸疑的元素，應能吸引學生閱讀；篇幅不長，符合他們的程度；對話較多，適合運用所選定的戲劇教學法。

　　老師首先教授文本內容和歸納段旨，然後講解戲劇活動的教學的目的及細節。為了加深學生的印象，老師選播了《童夢奇緣》電影中相關的片段。之後，老師用異質分組法把學生分成兩組，指示他們代入兩個不同的情境並創作對白。情境一：主角如願地長成25歲，要跟同學和老師說感受；情境二：主角長成50歲，知道父母離異的真相後想跟父親和親生母親說的話。高能力學生協助創作對白，弱能力學生則負責朗讀句子。根據學生的工作紙，發現各組都能代入虛擬的情境（見圖8.4）。

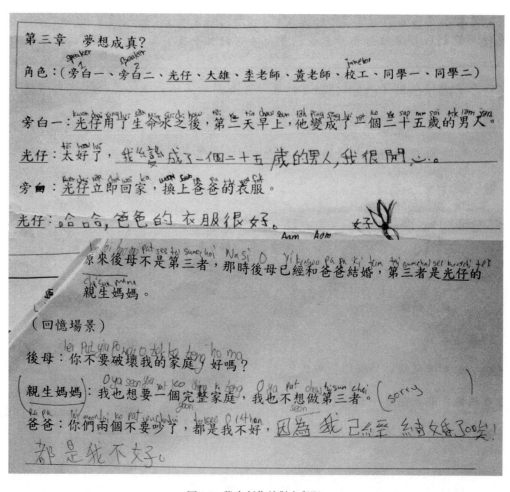

圖8.4：學生創作的對白舉隅

　　完成對白創作後，學生分組演繹，其他學生運用評分紙評鑑同學的表現，老師再點評。根據學生的評分，發現他們很重視演出的同學是否能投入角色去表達感情（見圖8.5）。

　　老師認為戲劇教學法能提升學生的聽說讀寫能力，而課堂上觀賞電影亦有助提升學生的好奇心。為了創作對白，他們願意反覆閱讀文本，寫作意欲亦得以提高；演繹對白為他們提供練習中文的機會；運用評估量表評價其他同學的表現並給與回饋的意見，展現了高層思維能力。

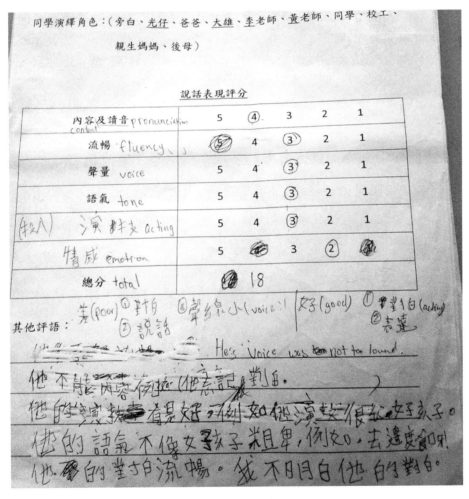

圖8.5：對白演繹評估量表及學生的評語舉隅

五、先導經驗的啟發

5.1 以戲劇學中文能帶動學習中文的動機

三所先導學校皆表示，戲劇教學活動令課堂的趣味增加，學生參與時表現更投入和積極，學習動機得以提升。

5.2 以戲劇學中文能照顧程度差異的學生

華語學生和非華語學生之間的中文水平差異大，而非華語學生之間的差異也不少。戲劇教學法的好處是令老師照顧學習差異變得容易，因為不同的戲劇教學活動對學生語文程度的要求不同，能說的可以多說（例如即興劇、座談會），不會說的可以用肢體表達（例如凝鏡）；通過同儕學習，弱能力者能夠模仿其他同學以完成任務（例如心理獨白）；不同能力的學生都可以發揮所長。

5.3 以戲劇學中文能提供機會多聽多說，幫助學生建立信心

不同的戲劇教學活動對學生的中文能力有不同的要求，但均能為學生提供學習中文的真實語境。學生通過集體參與，互相支持，反覆練習去累積經驗，漸漸掃除用中文表達的恐懼，建立信心。

5.4 以戲劇學中文能幫助學生在反覆閱讀中深入理解，培養品德情意

戲劇教學活動要求非華語學生對文本內容有透徹的理解，而學生參與這些活動時又會不自覺地反覆閱讀文本，仔細分析每一個細節，務求能演活角色，說出一句有意思的獨白。他們不自覺地投入閱讀，降低對閱讀中文文本的恐懼，提升閱讀理解的能力。

六、結論與展望

運用戲劇教學法在中文第二語言教學的成果令人鼓舞，對發展非華語學生的高層思維，培養品德情意都有不俗的成效。此外，老師普遍認為戲劇教學策略的操作容易。展望未來，我們認為應研究如何根據不同的教學目標，去運用不同的教學策略，同時進行課堂研究，分析各種策略的成效。目前老師主要運

用戲劇教學法來發展學生的聽說及閱讀理解能力，未來可嘗試將之運用於寫作教學。

　　研究團隊謹向先導學校、老師、協作同工、謝錫金教授、關之英博士、徐詩琪老師、劉珮慈老師等致謝。

參考書目

立法會 (2016)。〈立法會十三題：非華語學生的中文教育〉http://www.info.gov.hk/gia/general/201611/30/P2016113000679.htm

何洵怡 (2011)。《課室的人生舞臺：以戲劇教文學》。香港：香港大學出版社。

孟昭蘭 (2005)。《情緒心理學》。北京：北京大學出版社。

張曉華 (2010)。《教育戲劇理論與發展》（第三版）。台北：心理出版社。

教育局 (2014)。《教育局通告第8/2014號：改善非華語學生的中文學與教 非華語學生的中文學與教》。香港：香港特別行政區政府教育局。下載於：https://www.edb.gov.hk/attachment/tc/student-parents/ncs-students/new/CM_2014%2006%2005_TC.pdf

舒志義 (2012)。《應該用戲劇：戲劇的理論與教育實踐》。香港：香港公開大學。

廖佩莉 (2010)。〈加入戲劇元素：角色扮演在小學中國語文科的應用〉。《香港教師中心學報》，第9期，頁79–88。

羅嘉怡 (2017)。〈運用戲劇教學法和閱讀理論，對提升小四學生閱讀理解能力的成效研究〉。載於劉正偉（主編）《語文與文學教育的理論—理解與對話：全球化語境下語言與文學教育》（頁249–259）。杭州：浙江大學出版社。

羅嘉怡、謝錫金 (2012)。〈促進非華語幼兒漢字學習的校本課程設計初探〉。《漢字漢文教育》，第二十八輯，頁171–191。

羅燕琴 (1997)。〈篇章推理與中文語文能力的關係：小六學生中文閱讀理解個別差異分析〉。《教育論壇》，5月號，頁106–117。

Berk, L. E., & Winsler, A. (1995). *Scaffolding children's learning: Vygotsky and early childhood education*. Washington, DC: National Association for the Education of Young Children.

Bestgen, Y., & Dupont, V. (2003). The construction of spatial situation models during reading. *Psychological Research*, 67, 209–218.

Bolton, G. (1984). *Drama as education*. Harlow: Longman.

Bolton, G. (1999). *Acting in classroom drama: A critical analysis*. Portland, ME: Calendar Islands.

Brown, H. D. (2000). *Teaching by principles: An interactive approach to language pedagogy* (2nd ed.). Englewood Cliffs, NJ: Prentice Hall Regents.

Chang, L. S. (2012). "Dramatic" language learning in the classroom. In J. Winston (Ed.), *Second language learning through drama: Practical techniques and applications*. London: Routledge.

Heathcote, D. (1980). *Drama as a context for talking and writing*. Sheffield: National Association for the Teaching of English Papers in Education.

Horwitz, E. K., Horwitz, M. B., & Cope, J. (1986). Foreign language classroom anxiety. *The Modern Language Journal*, 70 (2), 125–132.

Iser, W. (1978). *The act of reading: A theory of aesthetic response*. Baltimore: John Hopkins University Press.

Johnson-Laird, P. N. (1983). *Mental models*. Cambridge: Cambridge University Press.

Kao, S., & O'Neill, C. (1998). *Words into worlds: Learning a second language through process drama*. Stanford, CA: Ablex Publishing.

Krashen, S. (1981). *Second language acquisition and second language learning*. Oxford: Pergamon.

Krashen, S. (1985). *The input hypothesis: Issues and implications*. London: Longman.

Krashen, S. (1989). We acquire vocabulary and spelling by reading: Additional evidence for the input hypothesis. *The Modern Language Journal, 73* (4), 440–464.

Krashen, S. (2003). Explorations in language acquisition and use. Portsmouth: NH: Heinemann.

Liu, J. (2002). Process drama in second language and foreign language classrooms. In G. Braure (Ed.), *Body and language: Intercultural learning through drama*. Westport: Ablex Publishing.

Loh, E. K. Y. (2015). Using drama in education to enhance Chinese language proficiency of non-Chinese speaking secondary school students. *IB Journal of Teaching Practice, 13*(1): 1-7.

Loh, E. K. Y., Leung, S. O., Tam, L. C. W., & Lau, C. P. S. (2017). Patterns in Chinese characters: Structural and component knowledge of Hong Kong and Macau ethnic minority students for learning Chinese characters. In D. Zhang & C. H. Lin (Eds.), *Testing and assessing Chinese as a second language* (pp. 91–114). Singapore: Springer.

Loh, E. K. Y., Mak, M. T. F., & Tam, L. C. W. (2015). The road to successful Chinese language learning: Effective strategies to teaching and learning Chinese characters. In M. S. K. Shum & I. Hills (Eds.), *Infusing IB philosophy and pedagogy into Chinese language teaching* (pp. 174–194). Melton, UK: John Catt.

Loh, E. K. Y., & Tam, L. C. W. (2017). Struggling to thrive: The impact of Chinese language assessments on social mobility of Hong Kong ethnic minority youth. *Asia-Pacific Education Researcher, 25*(5–6), 763–770.

Long, M. H. (1985). Input and second language acquisition theory. In S. M. Gass and C. G. Madden (Eds.), *Input in second language acquisition* (pp. 377–393). Rowley, MA: Newbury House.

Long, M. H. (1996). The role of the linguistic environment in second language acquisition. In W. C. Ritchie and T. K. Bhatia (Eds.), *Handbook of second language acquisition* (pp. 413–468). San Diego: Academic Press.

Neelands, J. (1992). *Learning through imagined experience*. London: Hodder and Stoughton.

Noordman, L., & Vonk, W. (1998). Discourse comprehension. In A. D. Friederici (Ed.), *Language comprehension: A biological perspective* (pp. 229–262). Berlin: Springer.

O'Neill, C. (1982). Context or essence: The place of drama in the curriculum. In C. J. O'Neill & A. Lambert (Eds.). *Drama structures: A practical handbook for teachers*. Portsmouth, NH: Heinemann.

O'Neill, C. J., & A. Lambert (Eds.) (1982). *Drama structures: A practical handbook for teachers*. Portsmouth, NH: Heinemann.

O'Toole, J. (1992). *The process of drama: Negotiating art and meaning*. London: Routledge.

Rosenblatt, L. M. (1968). *Literature as exploration*. London: Heinemann.

Stinson, M. & Winston, J. (2014). Drama education and second language learning: A growing field of practice and research. *Research in Drama Education: The Journal of Applied Theatre and Performance, 16*(4), 479–488.

Taeko, T. (1989). The silent period hypothesis. *Sanno Junior College Bulletin, 22*, 150–162.

Tse, S. K., & Loh, E. K. Y. (2008). *Study of the Chinese language standards of ethnic minority students in Hong Kong schools on the basis of their performance in 2007* (Unpublished research report). Hong Kong: Centre for Advancement of Chinese Language Education and Research, Faculty of Education, The University of Hong Kong.

Tse, S. K., & Loh, E. K. Y. (2010). *Study on threshold standards of ethnic minority students for immersion in Chinese language lessons in Hong Kong schools (2009)* (Unpublished research report). Hong Kong: Centre for Advancement of Chinese Language Education and Research, Faculty of Education, The University of Hong Kong.

van Dijk, T. A., & Kintsch, W. (1983). *Strategies of discourse comprehension*. New York: Academic Press.

Vygosky, L. S. (1978). *Mind in society: The development of higher psychological process*. Cambridge: Harvard University Press.

Winston, J. (2004). *Drama and English as the heart of the curriculum: Primary and middle years*. London: David Fulton.

Winston, J. (Ed.) (2012). *Second language learning through drama: Practical techniques and applications*. London: Routledge.

Woo, P. S. J. (2015). *A pilot study of using Stanislavski's system on learning and teaching Chinese narrative writing as a second language*. The 3rd International School Chinese Language Education Conference and Workshop: I-Shou University, National Kaohsiung Normal University, Taiwan; CACLER, The University of Hong Kong, 3–5 December.

第*9*章

讀寫相長：「閱讀促進學習」教學法的理論與設計

岑紹基、梁迭起

本章會探討「閱讀促進學習」教學法的理論與設計，以幫助解決香港非華語學生升學及中文讀寫的困難。本章先回顧香港的中文作為第二語言（中文二語）的習得和學習理論，以及系統功能語言學理論，進而詳細說明「閱讀促進學習」教學法（Rose and Martin, 2012）的學理基礎、教學步驟及其在第二語言學與教的應用。「閱讀促進學習」教學法注重讀寫結合與鷹架輔助，重視語言學習的功能性和實用性，以及強調學生的自主互動學習與文類寫作教學，因此應用於香港中小學中文二語課堂教學是甚具啟發性的。

關鍵詞：「閱讀促進學習」；中文作為第二語言學習；非華語學生；教學設計

一、近年香港非華語學生升學及學習中文讀寫的困難

根據2016年香港中期人口統計（香港統計處，2017），香港非華裔人口由2001年的342,198人，增至2016年的584,383人，增幅達70.8%。非華語學生人數亦由2011–2012學年的14,076人，增至2015–2016學年的17,740人（立法會，2016）。在1997年香港主權移交以後，中文與英文均成為學生升學就業必備的語文資歷。這項語言要求對日益增多的非華語學生來說甚具挑戰，導致其升學或就業出路受到極大的限制。非華語學生要獲取升讀大學的資格，除了透過應考香港中學文憑考試外，還可以選擇英國的綜合中等教育證書（GCSE）、國際普通中學教育文憑（IGCSE）、普通教育文憑（GCE）等國際考試，但它們所涵蓋的中

文程度，遠比本地中文考試程度為低，不足以應付日常生活所需，資歷也未受本地專上院校、職場機構認可，變相令非華語學生困囿於特定工種，缺乏向上流動的機會（Leung, Tam, Cheng, and Chee, 2017）。

　　香港於2004年實施新的小一派位制度，容許非華語學生報讀心儀的小學（教育局，2004）。加上從2013年8月起，政府取消以往集中支援、取錄較多非華語學生的「指定學校」，代以「獲教育局提供經常撥款用於加強校本支援以照顧非華語學生需要的學校」（教育局，2014），令取錄非華語學生的中學從31間急增至超過200間。當中大部分學校非華語學生數目少於10人，無法獲政府額外資助，以致未有足夠資源為學生設置校本課程或抽離上課，學生只能融入於主流大班學習，這也成了近年前線教育工作者的新挑戰。

　　具體來說，非華語學生在學習中文作為第二語言（中文二語）時，面對甚麼學習困難呢？據岑紹基、張燕華、張群英、祁永華、吳秀麗（2012）針對非華語學生中文水準測試及學生作品的分析，非華語學生於讀寫方面遇到很大困難：在閱讀方面，非華語學生字詞儲存量少、未能掌握正確中文詞性及語法、理解能力和綜合能力薄弱；在寫作方面，學生不會寫或寫錯漢字、文類與語法知識不足、詞彙貧乏、別字入文、標點格式有誤等。由於非華語學生母語的文字系統，如英語、烏爾都語、他加祿語等（香港統計處，2013），是音節音位文字（alphasyllabaries），但漢字是語素文字（logogram），這種文字系統紀錄的不同，為非華語學生帶來額外的認知困難（Shum, Ki, and Leong, 2014）。因此，提高非華語學生的讀寫能力，有迫切需要。而「閱讀促進學習」（Reading to Learn, R2L）教學法這一建基於系統功能語言學的文類教學法，注重提高學生的讀寫能力，很值得前線語文教育工作者參考借鏡。

二、系統功能語言學理論

　　系統功能語言學提出語言是社會過程的產物（Halliday, 1978）。語言具有概念功能、人際功能和語篇功能。當中語篇是指在一定語境下語意完整而結構連貫的一段語言，按語境的需要構成。Halliday將語境分為文化語境（context of culture）和情景語境（context of situation）。前者源自Malinowski（1923）的理論，強調語言產生的周圍環境和歷史文化背景。而後者可細分作語場（field；即話語範圍）、語旨（tenor；即話語基調）、語式（mode；即話語方式）三項語域變數。Martin（1985）認為不同語篇根據不同目標、功能，會體現為不同的文類，而每種文類有其特定層次，即圖式結構，以達到預期的社交效果。語場、語旨、語式三項變數，則分別表達語義的概念功能、人際功能與語篇功能。至於課堂實

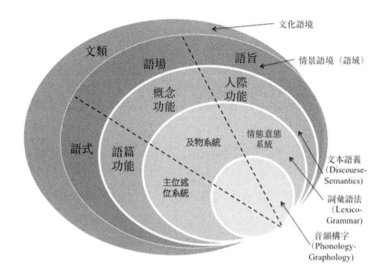

圖9.1：語境、文類和語域變數的關係

踐方面，Christie（1993）提出宏觀教學進程，將教學進程視為一文類，按教學目標作課程啓動、課程推展和課程收束，然後探討師生在教學進程當中各階段如何體現教學目標。

三、R2L教學法的學理基礎

　　R2L是Rose and Martin（2012）提出的一套教學法，最初用於改善澳洲原住民學習英語的困難（Rose, 2005），進而幫助原住民在社會向上流動（Rose, 2011）。R2L在比較偏重寫作的「文類教學法」（Rothery, 1994/2008; Unsworth, 2004）的基礎上，大大加強了明示式閱讀教學的成分，加入多項與閱讀和改寫有關的活動，以提高學生的英語讀寫能力，使能在學校開啓學習之門，從而人人有機會學習（Rose, 2005, 2011）、人人有機會成功（Shum, 2015）。

　　R2L上承系統功能語言學理論（Halliday, 1994; Rose, 2011），十分重視語言學習的功能性和實用性。此外，Young（1971）提倡的新教育社會學與Bernstein（1996）人類發展與學習的社會文化理論，亦影響R2L重視語言學習的互動性、學校教育的社會平等性，以及教育成果均等（Rose and Martin, 2012）。

　　在教學環節方面，R2L吸收Painter（1998）的學前家中習得語言理論，讓老師透過大大鼓勵、肯定和讚賞，營造舒適的學習環境。同時，R2L學習步驟參考了Vygotsky（1978）的鷹架理論，引導學生逐步將讀寫結合。悉尼學派（岑紹基，2015b；Humphrey and Macnaught, 2011; Martin and Rose, 2007; Rose, 2006）重視學生自主學習和小組互動的元素，也反映在R2L上。

四、R2L教學步驟

在閱讀文本前，教師需告訴學生語篇梗概。及後，隨着閱讀愈加深入，輔助逐步減少（McRae et al., 2000）。R2L理論也建議教師因應學生能力提供不同程度的支援。教師先集中提問文本某一關鍵問題，待學生從文中辨識回答後，再予肯定指導（Rose, 2014）。透過互動循環，學生會增加成就感及學習動機。

此外，老師應按學生程度，靈活調節教學步驟。備課時老師可根據以下準則挑選範文：範文應緊扣課程與教學目標；傳意功能和文章結構要有密切關係；文章結構完整與文步清晰；範文內容宜有趣，而難度具挑戰性（Martin and Rose, 2013）。

R2L分三個層次：外圈第一層較重視對範文通篇結構的認識和掌握，教學步驟包括「準備閱讀」、「共同建構」和「個人建構」；第二層比較重視對範文內容的細節講解，以及讓學生掌握句子結構和詞句的語言模式，教學步驟為「詳細閱讀」、「共同筆記/重寫」和「個人重寫」；至於內圈第三層則重視講解字詞的結構、拼寫，和認識句子組成，以及寫作句子，教學步驟為「字詞拼寫」、「句子建構」和「句子寫作」。

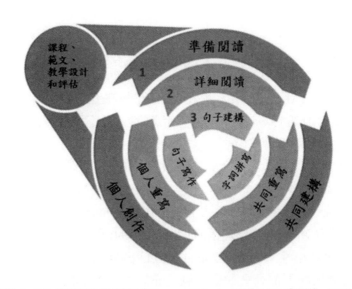

圖9.2：R2L教學法教學步驟（參Rose and Martin, 2012: 147；岑紹基，2015a）

在「準備閱讀」階段，老師引導學生分析文章結構，講述內容概要和背景知識，讓他們對文本有初步認識，從而引起興趣。在「詳細閱讀」部分，老師設計不同難易程度的「解碼」、「字面」、「推斷」、「詮釋」問題，分派給不同能力的學生，目的在於幫助他們梳理課文，增強閱讀信心。學生作答如遇困難，教

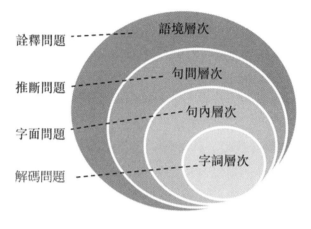

圖9.3：閱讀理解的四個層次：「解碼」、「字面」、「推斷」、「詮釋」問題

師可給予有關意義和位置的提示。解碼問題（decoding）：在字詞層次拆解詞語結構、部件、部首等；字面問題（literal）：在字面層次辨識句子意思，答案可在某一行中找到（within a line）；推斷問題（inferential）：從推斷層面推敲文本的上下連繫，答案要跨越數行才找到（across the lines）；詮釋問題（interpretation）：從詮釋層面按社會背景詮釋文本與讀者的關係，答案在文本之外（beyond the text）（Shum, 2015）。

　　以下試以《高中中文：第二語言中文教材》範文〈藥物減肥法有用嗎？（節錄）〉（岑紹基、祁永華、林楚吟，2017），舉出「解碼」、「字面」、「推斷」、「詮釋」問題的例子：

表9.1：「解碼」、「字面」、「推斷」、「詮釋」問題舉隅

藥物減肥法有用嗎？（節錄）			
文步	正文	問題及層次	答案舉隅
立場 （Proposition） 就藥物減肥這一現象提出自己的看法，認為藥物減肥法是沒有用的。	現在愈來愈多人主張減肥，藥物減肥法是其中的一種。這種減肥法是通過吃藥來達到減肥的目的。我認為藥物減肥法是沒有用的。	1. 現在很多人在主張甚麼呢？（字面問題） 2. 主張的「張」字由哪些部件構成？（解碼問題）	1. 減肥 2. 弓、長
論點一 （Argument 1） 大多數的減肥藥物都是不安全的，會影響身體健康。	首先，大部分廣告所宣傳的減肥藥物都是不安全的。這些藥物含有一些有害物質，如果人們長期服用，就會影響身體健康，甚至引發其他疾病。	1. 為甚麼大部分減肥藥物不安全？（推斷問題） 2. 你認識一些不安全的減肥藥物嗎？（詮釋問題）	1. 大部分藥物含有一些有害物質，人們長期服用，會影響身體健康，甚至引發其他疾病。 2. 學生自由舉例，言之成理則可。老師可補充課外知識。

老師亦注重課堂互動，有其「鷹架互動環圈」（Rose, 2005），重視給予學生任務前的準備，以及完成任務後的闡釋。老師需為同學「預備」（prepare），交代問題背景；繼而「集中」（focus），提出具體問題；讓同學「提出」（propose）可能答案（Martin and Rose, 2013）。根據同學提出的答案，老師可「肯定」（affirm）正確答案，再作「延伸」（elaborate），道出補充的資料或課外知識；老師亦可「指引」（direct）同學用螢光筆標示答對的關鍵詞（Rose, 2014）。

以下再以範文〈藥物減肥法有用嗎？〉（岑紹基等，2017），舉出課堂互動中的「預備」、「集中」、「提出」、「肯定」、「延伸」、「指引」話語。

表9.2：「預備」、「集中」、「提出」、「肯定」、「延伸」、「指引」課堂話語舉隅

提問/回答者	問題/答案	類別
老師	讓我們看範文末段。	預備
老師	作者最後總結藥物減肥法是一種怎樣的減肥方法呢？	集中
學生	藥物減肥法並不是一種有效的減肥方法。	提出
老師	答對了！非常好。	肯定
老師	寫評議文的時候，作者往往在文章末段重申立場。	延伸
老師	麻煩某同學出來，把作者的立場寫到白板上。	指引

經過準備閱讀和詳細閱讀階段，老師可邀請個別學生提出並板書每段的關鍵詞，鼓勵各生將白板上的關鍵詞抄在筆記簿上，或將從讀文章想到的新意念、同義詞等寫在簿上，這些語料是稍後重寫與建構段落的基礎。如學生程度稍遜，老師可再帶領同學作「字詞拼寫」（即部件練習）、「句子建構」（即句子重組）和「句子寫作」等基礎練習。如學生程度頗好，老師可引導學生進入「共同重寫」或「個人重寫」階段，即參考之前摘錄課文的關鍵詞，借用課文的語言結構及內容重寫，完成所學文類的一些段落（岑紹基，2016）。在「共同建構」及「個人創作」部分，教師引導學生把共同構思內容，以完整文步格式及語言，寫作一篇和文本屬同一文類的文章。

R2L教學法實施步驟十分靈活，其應用原則主要依據學生的學習能力和語文水平，挑選適當的教學步驟。如果學生學習能力較強、語文水平較高的話，則教學步驟較少，從「準備閱讀」、「詳細閱讀」之後就可以直接進入「共同建構」、「個人創作」，讓學生直接掌握文類通篇結構，進行寫作練習；中等水平學生的話，則教學步驟相應增多，主要是集中在第一和第二層次教學步驟中，從「準備閱讀」、「詳細閱讀」之後，需要經過第二層次的「共同重寫」、「個人重寫」，方能進行「共同建構」和「個人創作」。最後，如果學生學習能力稍遜、語言水平較弱的話，則所需教學步驟最多，涵蓋三個層次所有教學步驟（Shum,

2016）。由此可見，R2L教學法三個教學環圈中各個教學步驟雖環環相扣，卻非一成不變，而是可讓老師按照實際教學情況、學生學習能力和語言水平自由調動，而這也是R2L教學法靈活實用所在。

R2L教學法有其獨特的方法，來評核學生寫作文本的表現（Rose and Martin, 2012; Shum, 2015）。詳見下一章。

五、R2L教學法在第二語言學與教的應用

R2L教學法最初運用於澳洲原住民英語第二語言課堂中（McRae et al., 2000），採用一段時後，學生的語文程度獲得顯著提高；其後逐漸擴展到墨爾本、悉尼等大城市，用來教導新移民學生學習英語。多項教學研究均證明R2L教學法能夠有效提高弱勢社群學生的英語讀寫能力，以及縮窄新移民和當地學生之間的學習差距，達到提高澳洲學生整體語言學習水平的目標（Culican, 2006; McRae et al., 2000; NSW Department of Education and Training, 2010）。及後在南非、印尼、瑞典、芬蘭、丹麥、蘇格蘭、葡萄牙、西班牙等國家推行採用，均有顯著成效（岑紹基，2015a；Acevedo, 2010; Humphrey and Macnaught, 2011: 99; Rose, 2006, 2010, 2012）。

在香港，香港大學的岑紹基及其研究團隊最先研究R2L教學法應用在非華語學生的中文教學上。2012年，岑紹基邀請David Rose來港大講學，港大研究團隊自此嘗試運用R2L教學法進行不同文類的寫作教學研究，例如記敘文寫作教學（岑紹基，2013）、不同文類的寫作教學（岑紹基，2015a），也運用在國際學校的國際文憑課程「知識論」的教學上（Shum, Lau, and Shi, 2015），以至在實用文投訴信教學等上（岑紹基，2016），均取得顯著的成效。研究結果也反映出參與學生在讀寫表現和課堂參與程度有較大的進步（岑紹基，2013，2015a，2016）。Leung（2015）則提出結合R2L教學法於文言作品教學的實踐方向。

六、總結

為解決香港非華語學生學習中文第二語言的讀寫困難，本章回顧了系統功能語言學理論、R2L教學法學理基礎、教學步驟及其第二語言學與教的應用。R2L教學法透過讀寫結合的方式，注重老師的鷹架輔助、肯定讚賞及逐步引導，更重視語言學習的功能性和實用性，並強調學校教育的社會平等性、教育機會均等，同時注重學生的自主學習、小組互動與文類為本語文學習，對香港的非華語學生中文教學甚具啟發性。

參考書目

立法會 (2016)。〈立法會十三題： 非華語學生的中文教育〉http://www.info.gov.hk/gia/general/201611/30/P2016113000679.htm

岑紹基 (2013)。〈文類教學法對提高非華語學生記敍文寫作能力的成效〉。《漢字漢文教育》，第三十輯，頁 143–170。

岑紹基 (2015a)。〈「閱讀促進學習 (R2L) 策略」對提高非華語學生讀寫能力的成效〉，載於林偉業 (主編)：《面向中文學習者的中文教學——理論與實踐》。新加坡：南大 -新加坡華文教研中心。

岑紹基 (2015b)。《通識教育專科語體與表達技巧》。香港 :香港教育圖書公司。

岑紹基 (2016)。〈R2L教學法對提高非華語中學生投訴信寫作能力的成效〉。載於《海峽兩岸四地應用文高端論壇》。澳門：澳門大學出版社。

岑紹基、祁永華、林楚吟 (2017)。《高中中文：中文第二語言教材》。香港：香港大學教育學院中文教育研究中心。

岑紹基、張燕華、張群英、祁永華、吳秀麗 (2012)。〈香港少數族裔學生學習中文的困難〉。載於叢鐵華、岑紹基、祁永華、張群英 :《香港少數族裔學生學習中文的研究 :理念、挑戰與實踐》(頁 53–75)。香港：香港大學出版社。

香港統計處 (2013)。《2011 人口普查—主題性報告 :少數族裔人士》http://www.census2011.gov.hk/pdf/EM.pdf

香港統計處 (2017)。《2016中期人口統計——簡要報告：表8》。http://www.census2011.gov.hk/pdf/EM.pdf

教育局 (2004)。教育局檔案：EDB (EC) 9/2004。

教育局 (2014)。教育局檔案：EDB (EC) 5/2041/07。

Acevedo, C. (2010). *A report on school-based action research: Will the implementation of reading to learn in Stockholm schools accelerate literacy learning for disadvantaged students and close the achievement gap?* Stockholm: Multilingual Research Institute, Stockholm Education Administration.

Bernstein, B. (1996). *Pedagogy, symbolic control and identity: Theory, research, critique*. London: Taylor & Francis.

Christie, F. (1993). Curriculum genres: Planning for effective teaching. In B. Cope & M. Kalantzis (Eds.), *The powers of literacy: A genre approach to teaching writing* (pp. 154–178). London: Falmer.

Culican, S. J. (2006). *Learning to write, reading to learn: A middle years literacy intervention research project. Research report 2003–2004*. Melbourne: Catholic Education Office.

Halliday, M. A. K. (1978). *Language as social semiotic: The social interpretation of language and meaning*. London: Edward Arnold.

Halliday, M. A. K. (1994). *An introduction to functional grammar (2nd ed.)*. London: Edward Arnold.

Humphrey, S., & Macnaught, L. (2011). Revisiting joint construction in the tertiary context. *Australian Journal of Language and Literacy*, *34*(1), 98–116.

Leung, N. T. H. (2015). Applying "reading to learn" pedagogy and picture books to improve the literary Chinese reading skills of non-Chinese-speaking junior secondary school students in Hong

Kong. Conference paper presented at the Third International School Chinese Language Education Conference and Workshop. Hong Kong: The University of Hong Kong, December 3–5.

Leung, N. T. H., Tam, L. C. W., Cheng. P. Y. H., & Chee, C. W. (2017). Adapting for social good: A case of identity-based mentoring innovations for ethnic minority teenagers in a residential hall community. Conference paper presented at the International Conference on "Imagining the Future: Community Innovation and Social Resilience in Asia." Hong Kong: The Chinese University of Hong Kong, February 23–24.

Malinowski, B. (1923). The problem of meaning in primitive languages, supplement 1. In C. K. Ogden & I. A. Richards (Eds.), *The meaning of meaning* (8th ed.) (pp. 296–336). London: Routledge Kegan and Paul.

Martin, J. R. (1985). *Language, register and genre*. In F. Christie (Ed.), *Children writing*: *Reader* (pp. 21–31). Geelong: Deakin University Press.

Martin, J. R., & Rose, D. (2007). *Working with discourse: Meaning beyond the clause*. Beijing: Peking University Press. London: Continuum International Publishing.

Martin, J. R., & Rose, D. (2013). Pedagogic discourse: Contexts of schooling. In N. Nørgaard (Ed.), *RASK International Journal of Language and Communication* (special issue in honour of Carl Bache), 1–46.

McRae, D., Ainsworth, G., Cumming, J., Hughes, P., Mackay, T., Price, K., Rowland, M., Warhurst, J., Woods, D., & Zbar, V. (2000). *What has worked, and will again: The IESIP strategic results projects* (pp. 24–26). Canberra: Australian Curriculum Studies Association.

NSW Department of Education and Training. (2010). *Reading to learn report for Western NSW Region*. NSW: Implementation and Outcomes of the Professional Learning Program.

Painter, C. (1998). *Learning through language in early childhood*. London: Cassell.

Rose, D. (2005). Democratising the classroom: A literacy pedagogy for the new generation. *Journal of Education*, *37*, 127–164. www.ukzn.ac.za/joe/joe_issues.htm

Rose, D. (2006). Literacy and equality in the classroom. In A. Simpson (Ed.), *Proceedings of the national conference on future directions in literacy* (pp. 188–203). Sydney: University of Sydney.

Rose, D. (2010). Genre in the Sydney school. In J. P. Gee & M. Handford (Eds.), *The Routledge handbook of discourse analysis*. London: Routledge.

Rose, D. (2011). Learning in linguistic contexts: Integrating SFL theory with literacy teaching. In G. W. Huang (Ed.), *Studies in functional linguistics and discourse analysis III* (pp. 222–240). Beijing: Higher Education Press.

Rose, D. (2012). *Reading to learn: Accelerating learning and closing the gap* (Vols. 1–10). Teacher training books and DVDs. Sydney: Reading to Learn.

Rose, D. (2014). Analysing pedagogic discourse: An approach from genre and register. *Functional Linguistics*, *1*(1), 11.

Rose, D., & Martin, J. R. (2012). *Learning to write, reading to learn: Genre, knowledge and pedagogy in the Sydney school*. Sheffield: Equinox.

Rothery, J. (1994/2008). *Exploring literacy in school English*. Sydney: Metropolitan East.

Shum, M. S. K. (2015). Effectiveness of using "Reading to Learn" strategy to improve literacy skills of non-Chinese-speaking students. In J. W. I. Lam (Ed.), *Teaching Chinese to Chinese language learners: Theories and practices* (pp. 241–268). Singapore: Singapore Centre for Chinese Language.

Shum, M. S. K. (2016). The effectiveness of using "Reading to Learn" pedagogy in enhancing the ability of non-Chinese-speaking secondary school students in writing complaint letter. Conference paper presented at the Cross-strait Applied Writing Advanced Forum. Macau: University of Macau.

Shum, M. S. K., Ki, W. W., & Leong, C. K. (2014). Cognitive and linguistic factors affecting alphasyllabary language users comprehending Chinese text. *Reading in a Foreign Language*, *26*(1), 153–175.

Shum, M. S. K., Lau, K. L., & Shi, D. (2015). The effectiveness of using "Reading to Learn" pedagogy in teaching China's poverty issues in the IBDP second language Chinese classroom. In I. Hill et al. (Eds.), *Infusing IB philosophy and pedagogy into Chinese language teaching*. Woodbridge, England: John Catt Educational Limited.

Unsworth, L. (2004). Comparing school science explanations in books and computer-based formats: The role of images, image/text relations and hyperlinks. *International Journal of Instructional Media*, *31*(3), 283–301.

Vygotsky, L. S. (1978). *Mind in society: The development of psychological processes*. Cambridge, MA: Harvard University Press.

Young, M. F. D. (1971). *Knowledge and control: New direction for the sociology of education*. London: Collier-Macmillan.

第*10*章

以「閱讀促進學習」(Reading to Learn)教學法教授非華語學生說明文的成效

岑紹基

本章旨在說明在香港語境下，教師如何運用「閱讀促進學習」(Reading to Learn, R2L) 教學法去提高非華語學生說明文的讀寫能力。香港自回歸以來，推行「兩文三語」政策，非華語學童愈來愈需要學習中文去改善升學和就業的問題。整體而言，香港非華語學生面對着學習中文的聽、說、讀、寫各種困難，尤以讀、寫表現最受關注。而主流學校的前線中文教師較少接受非華語學生中文教學的訓練，故在中文教學策略上急待支援。「閱讀促進學習」教學法，是建基於系統功能語法的文類教學法，起源於澳洲，現發展至瑞典、芬蘭、丹麥、西班牙、印尼等國家；此教學法重視語境教學，強調讀寫結合。各國的研究報告均證實R2L教學法對提高學生的讀寫能力有極大的幫助。本章主要介紹「閱讀促進學習」教學法應用在非華語的中文教學上，並探究這種教學法對教授非華語學生學習說明文的成效。

關鍵詞：「閱讀促進學習」；中文教學；非華語學生；說明文

一、引言

本章旨在探討以「閱讀促進學習」教學法教授非華語學生說明文的成效。香港自1997年回歸後，推行「兩文三語」政策，非華語學童愈來愈需要學習中文，以融入主流華人社會，改善升學及就業的問題 (岑紹基，2013，2015)。香港主流學校的中文課程屬於第一語言課程，頗為深奧。另外，由於香港沒有第二語言中文公開考試課程，香港教育局自2008年開始，准許以認可的「其他中國語

文科考試資歷」，例如英國的綜合中等教育證書(GCSE)、國際普通中學教育文憑(IGCSE)、普通教育文憑(GCE)等，來代替主流的中學文憑試(DSE)中文科考試報讀大學(香港教育局，2018)。整體而言，香港非華語學生面對學習中文的聽、說、讀、寫各種困難，尤以讀、寫表現最受關注。加上不少前線中文老師較少接受非華語學生中文教學訓練或者第二語言教學培訓，他們在尋找第二語言中文教材、教學方法和評估工具上均遇到很大的困難(羅嘉怡、謝錫金，2012：174–175；關之英，2014)。由此可見，前線中文老師和非華語學生在中文教與學上急待支援(岑紹基，2015)。自2007年開始，香港大學研究團隊致力研發不同的教學法和教材，以培訓老師掌握有效的第二語言教學策略，以提高非華語學生的中文學習，並評估這些教學法的成效。

二、「閱讀促進學習」教學法的理論簡介

正如前一章所述，「閱讀促進學習」教學法，是建基於系統功能語言學的一種文類教學法，重視以明示式的教學策略來引導學生掌握第二語言讀寫能力。這種教學法最初應用在澳洲原住民英語第二語言的閱讀和寫作教學上，其後逐漸擴展到墨爾本、悉尼等大城市，用來教導新移民學生學習英語。多項教學研究均證明R2L教學法能夠有效提高弱勢社群學生的英語讀寫能力，以及縮窄新移民和當地學生之間的學習差距，達到提高澳洲學生整體語言學習水平的目標(Culican, 2006; McRae et al., 2000; NSW Department of Education and Training, 2010)。正如前一章所述，目前R2L教學法在多個不同國家的英語或本國語讀寫教學上均有使用，成效顯著。

這種教學法有其獨特的教學環圈，共有九個教學步驟以達到三個教學層次，詳細圖示可參本書第9章圖9.2。

圖9.2是教學法示意圖。左邊最上層有一個小圓圈，是有關「課程、範文選擇、教學設計和評估」，統攝着整個教學輪的實施，而且直接關係到老師對於整個教學課程的教學目標的設置、範文的選擇、教學流程的設計，以及對學生課業表現的評估。而在右下方則有三個層次的教學環圈，外圈比較重視對範文文本通篇結構的認識和掌握(岑紹基，2015；Rose and Martin, 2012: 147)，教學步驟為「準備閱讀」、「共同建構」和「個人建構」(岑紹基，2015；Rose, 2012, book 1: 3)；中圈比較重視對範文內容的細節探究和講解，以及讓學生掌握句子結構和詞句的語言模式(岑紹基，2015；Rose, 2012, book 1: 4)，教學步驟為「詳細閱讀」、「共同重寫」和「個人重寫」(岑紹基，2015；Rose, 2012, book 1: 3)；至於內圈則是重視訓練字詞拼寫和重組句子，以及寫作句子，教學步驟為「字詞拼寫」、「句子建構」和「句子寫作」(岑紹基，2015；Rose, 2012, book 1: 3)。

三個層次的教學步驟共有九個教學環節，但是並非固定不變的，而是必須根據課堂的實際情況、學生的語言水平和學習能力選擇適當的教學環節，靈活施行的。例如教學生某種文類時，先給學生前測，看看他們在閱讀和寫作該文類時有何困難，然後在九個的教學環節中選取適當的布置教學。而由於這種教學法最初是應用在澳洲及其他國家的英語第二語言讀寫教學上，故此當在香港的非華語學生中文課堂上應用這種教學法時，需要因應中文語文特點和香港教學環境來對教學法的細節進行調適（岑紹基，2015）。

三、運用「閱讀促進學習」教學法作説明文教學

3.1　教學重點和具體內容

本研究以説明文教學為例，評估R2L教學法對提高非華語學生説明文寫作能力的成效。研究在2015–2016學年進行，香港大學非華語學生中文支援計劃的研究人員與導師合作，在中三課堂上推行「閱讀促進學習」教學法説明文類讀寫教學。參與是次説明文教學研究的非華語學生共20名，就讀中三級。大部分學生祖籍印度、巴基斯坦、尼泊爾、菲律賓等國家，具備基本的中文能力，惟閱讀和寫作能力稍遜。以下介紹導師在課堂上運用R2L教學法教授説明文的具體教學內容，並分析及比較學生的前後測表現、寫作文本，從而評估是次教學的成效。

研究前和後，中文導師均安排學生進行説明文的讀寫測試，限時一小時。前測的目的是需求分析（needs analysis），即了解學生的水準和困難，作為設計教學的基礎。前測試卷是兩篇説明文閱讀理解練習和一篇寫作，題目是《介紹一種特別的食物》。後測試卷是兩篇説明文閱讀理解練習和一篇寫作，題目是《介紹電腦（或者其他電子產品）》。前、後測寫作部分均要求學生最少寫100字。這兩份前、後測試卷的題型和難度接近，但內容不盡相同。然後導師根據學生的前測表現來設計教學，靈活調動R2L教學法的不同步驟。最後透過統計分析和對比高低程度學生的前、後測寫作文本以檢視學生寫作能力的轉變，以及評估這一次運用R2L教學法來教授非華語學生學習説明文的教學成效。

學生完成前後測寫作練習之後，由授課導師親自批改學生的試卷。而為了配合本研究的需要，我們邀請了獨立於本研究、而又接受過R2L教學法專門培訓的經驗老師運用這種教學法的寫作評核標準（writing assessment criteria）（岑紹基，2016；Rose, 2012, book 3: 3）進行評分。R2L教學法的寫作評核標準是採用系統功能語言學的角度，把學生的寫作文本細分作語境（context）、語篇

(discourse)、語法 (grammar) 和書寫表現 (graphic features) 四大部分，並對應不同的細項內容，一共有14項評分細則，每項細則的得分從0至3分不等，最高為3分，最低為0分，總分為42分。學生的前測分數表如表10.1所示。

從表10.1的數據可知，學生的說明文前測寫作有以下問題：

第一、在通篇語境方面，此一部分評核學生對說明文的寫作功能和文步結構的掌握。從分數表上可見，學生的文步內部組織得分較低，顯示了學生未能掌握說明文的文步結構，即是在段落之間的結構組織較為鬆散，未能符合說明文內部組織的「主題句—闡釋（舉例子）」的格式。

第二、在語篇方面，此一部分評核學生對說明文的詞語和句式運用的掌握。從分數表上可見，學生的連詞和照應詞得分較低，反映了學生未能掌握連詞的句式運用和照應詞的正確運用。連詞的正確運用有助於展示句子之間的邏輯關係，使句子之間的意思更加清晰明確；而照應詞則是指一些指示代詞、人物代詞、代名詞等，正確運用照應詞有助於增加文章的詞彙量，使意思上下連貫，通篇銜接得通。

第三、在書寫表現方面，此一部分評核學生的書法和分段表現等，從分數表上看，學生的分段和字體得分較低，反映了較多學生均未能掌握中文篇章分段的寫法，而且中文字體寫作較為潦草，字跡難辨，增加讀者的閱讀困難。

以上是根據學生說明文前測成績總結出來的寫作問題，中文導師在充分評估了學生的寫作困難之後，便開始制定自己的教學目標和教學設計。

表10.1：全班學生的說明文寫作前測分數表

| | 學生姓名 | 語境 | | | | | | | 語篇 | | | | | 語法 | 書寫表現 | | | | 寫作總分 |
		目的	文步（文章結構）	文步內部組織	語場	語旨	語式	總分	詞彙	評價	連詞	照應	總分	語法	錯別字	標點	分段、字體及其他	總分	
1	學生1	0	0	0	0	0	0	-	1	0	0	0	1	-	0	0	0	-	1
2	學生2	2	1	1	1	1	1	7	2	1	1	1	5	1	1	1	1	3	16
3	學生3	1	1	1	1	1	1	6	2	1	1	1	5	1	1	1	1	3	15
4	學生4	2	1	1	1	1	1	7	2	1	1	1	5	1	1	1	1	3	16
5	學生5	2	2	1	1	1	2	9	2	1	1	1	5	1	1	1	1	3	18
6	學生6	1	1	1	1	0	1	5	1	1	1	1	4	1	1	1	1	3	13
7	學生7	1	1	1	1	1	1	6	1	1	1	1	4	1	1	1	1	3	14
8	學生8	2	1	1	1	1	1	7	2	1	1	1	5	1	1	2	1	4	17
9	學生9	2	2	1	1	1	1	8	1	1	1	1	4	1	1	1	1	3	16
10	學生10	3	2	1	2	2	1	11	2	2	1	1	6	2	1	1	1	3	22
11	學生11	1	1	1	1	1	1	6	1	0	0	1	2	1	1	0	1	2	11
12	學生12	1	0	0	1	0	0	2	1	1	0	1	3	1	1	1	0	2	8
13	學生13	2	1	1	1	1	1	7	2	1	1	1	5	1	1	1	0	2	15
14	學生14	2	1	1	2	1	1	8	2	1	2	1	6	1	2	1	1	4	19
15	學生15	2	1	1	2	2	2	10	2	1	2	1	6	2	2	1	2	5	23
16	學生16	1	1	1	0	1	1	5	1	1	1	1	4	1	1	1	1	3	13
17	學生17	1	1	1	1	1	1	6	1	1	1	1	4	1	1	1	1	3	14
18	學生18	2	1	1	1	1	1	7	1	1	1	1	4	1	1	1	1	3	15
19	學生19	2	1	1	1	1	1	7	2	1	1	0	4	1	1	1	1	3	15
20	學生20	2	1	1	1	1	1	7	1	1	0	0	2	1	1	1	1	3	13
	各部滿分	3	3	3	3	3	3	18	3	3	3	3	12	3	3	3	3	9	42
	平均分	1.5	1.1	0.9	1.1	1.1	1.0	6.6	1.5	1.0	0.9	0.9	4.2	1.1	1.1	1.0	0.9	2.9	14.7

為針對上述的問題，本研究制定下列的說明文教學目標：

1. 學生能夠閱讀並指出說明文的內容重點和文類結構；
2. 學生能夠運用適當的詞彙和句式來說明事物；
3. 學生能夠共同建構一篇結構完整的說明文；
4. 學生能夠個別寫作一篇結構完整的說明文。

教學目標訂立之後，中文導師着手設計說明文的教學單元。整個教學單元一共用中文支援班四個教節的教學時間，每教節3小時，共12個教時。導師主要運用「閱讀促進學習」教學法來施教。這種教學法與傳統教學法有所不同。傳統教學法重視老師向學生深入講解範文，然後給予語文練習，最後設訂寫作題目讓學生自行寫作，而寫作題目未必與教授的文章有關。而在是次教學中，導師運用「閱讀促進學習」教學法，重視讀寫結合和學生互動學習。而導師在教學過程中則扮演着引導者、指示者的角色，以明示式的提問方式引導學生理解說明文篇章的內容大意和詞句運用技巧，並重視學生共同參與集體創作篇章的課堂活動。表10.2顯示了中文導師四個教節的教學過程：

表10.2：中文老師的說明文教學過程

教節	教學重點	教學步驟	具體教學內容
第一節	第一篇閱讀《手提電話》	1. 準備閱讀	學生觀看一套介紹日本新款手提電話的短片，及了解篇章的背景知識。老師接着介紹《手提電話》一文的梗概。過程需時2–3分鐘。
		2. 詳細閱讀	經示範後，老師指示學生輪流朗讀文章段落。老師按學生的能力，以四個層次的提問方式給學生講解文章，並對學生的回答加以讚賞，同時指示學生用螢光筆標示關鍵詞句。
		3. 文步結構重組	老師安排學生分組進行順序排列說明文篇章段落的課堂活動。
第二節	第二篇閱讀《中國的傳統食物：月餅》	1. 句子寫作	老師以小組比賽和提問的方式引導學生在顏色紙上寫下在上一教節標示的詞語和連接詞，並指示學生運用相關句式造句，以掌握說明文的詞彙和句子結構。
		2. 準備閱讀	老師提問第二篇文章內容的問題，例如月餅的種類和不同的中秋節慶祝活動，引起學生的學習動機。老師接着概括介紹即將閱讀的文章《中國的傳統食物：月餅》。過程需時2–3分鐘。
		3. 詳細閱讀	經示範後，老師指示學生輪流朗讀文章段落。老師按學生的能力，以四個層次的提問方式給學生講解該說明文篇章的重點內容，並對學生的回答加以讚賞，同時指示學生做課堂筆記和用螢光筆標示關鍵詞句，重點講解說明文的文類特色、功能和文步結構。

表10.2（續）

教節	教學重點	教學步驟	具體教學內容
第三節	共同創作	1. 共同筆記	老師先和學生一起溫習所學說明文的內容，然後邀請個別學生在白板上寫出關鍵詞，老師指示全班學生把白板的詞句寫在筆記簿上。
		2. 句子寫作	老師指示學生以比賽的形式正確說出第一篇閱讀《手提電話》的詞語和句式，並運用相關句式來寫作句子。
		3. 共同重寫	老師先安排學生分組討論《手提電話》首二段的內容，然後指示學生運用白板上的關鍵詞句進行集體改寫句子，讓學生加深對文章的認識，及學習用相關句式來寫作句子。最後，學生需要把改寫段落抄寫在筆記簿上。
		4. 共同建構	老師以提問的方式指示學生進行集體寫作新的說明文《介紹高清電視》，全班學生需要輪流發言，老師把學生的發言稍作潤飾，寫在白板上，並指示學生抄寫集體寫作的篇章在自己的筆記簿上，讓學生進一步掌握說明文寫作技巧，為個人寫作做好準備。
第四節	個人寫作	1. 共同筆記	老師先和學生一起溫習所學說明文內容，然後在白板上寫出關鍵詞句，指示學生認真抄寫詞句在筆記簿上。
		2. 鞏固和溫習	老師指示學生自行安靜溫習所學的說明文篇章和筆記。
		3. 說明文後測	該班學生進行說明文的後測，寫作新的說明文《介紹高清電視》。

3.2　學生前後測的整體表現

在是次教學中，為了客觀評量學生的前、後測分數，中文導師邀請兩位獨立人士對學生的寫作文本進行評分。該兩位人士也是富經驗的中文老師，對「閱讀促進學習」教學法的寫作評核標準十分熟悉，評分也相當接近。其後，中文老師把全班學生的前、後測總分進行對比，得出以下的數據結果：

表10.3：全班學生的說明文寫作前、後測分數比較表

試卷	總分	平均分		進步值	進步	成對樣本t檢定		
		前測	後測		%	t值	df	p值
寫作	42	16.10	28.50	12.40	77.02	−9.288	9	.000

根據表10.3的數據統計結果，寫作總分為42分，而全班學生的前測平均分為16.10，但後測的平均分為28.50，後測平均分比前測進步了77.02%。成對樣

本t檢定結果顯示，導師運用「閱讀促進學習」教學法之後，學生在説明文寫作表現上有顯著的進步，t (9) = –9.3，p = 0.00。

3.3 學生前後測文本的分析

為了更準確地説明學生進步的情況，本研究隨機抽取了高、低程度學生的説明文前、後測作文，運用「閱讀促進學習」教學法的寫作評核標準去分析其具體進步情況：

1. 前測與後測寫作表現之比較：高程度學生

前測寫作文本題目：《介紹一種特別的食物》

> 雞蛋仔是在香港經常找到的特別的食物。
> 它的外形是圓圓的。它是甜品的。它的材料有牛奶、雞蛋、牛油等。
> 做雞蛋仔要用很特別的製作方法，這是因為雞蛋仔也是有很特別的外形和味道。這是香港的很有名的食物，所以很多香港人和遊客會在街上吃雞蛋仔。
> 雞蛋仔真的是香港的很特別的食物啊！

後測寫作文本題目：《介紹電腦 (或者其他電子產品)》

> 現今，在社會上，每個人都認為電腦是一件不可缺少的物品。很多人，尤其是青少年，會用它。
> 在外形方面，電腦會有不同的顏色和大小。在顏色方面，電腦除了有黑色，而且有白色和其他顏色。在大小方面，有些電腦是大型的，像一部電視一樣。有些電腦是小型的，像一本書一樣。
> 在功能方面，電腦有很多不同的功能。例如可以玩電腦遊戲、上網、聽音樂等。
> 電腦不但有不同的外形，而且有不同的功能。電腦深受大眾的喜愛，是一件不可缺少的物品啊！

經分析學生前測文章的問題，以「閱讀促進學習」教學法作針對性教學後，該生後測文章有以下的進步：

表10.4：高程度學生的前後測分析對比

寫作評核	前測	後測
語境	能夠逐點介紹雞蛋仔的不同特徵，呈現基本的說明文結構	文章分成四個段落，更能符合說明文「提出現象─逐層闡釋 1-n─總結」的文步結構
	文章各個段落未能清楚展示說明文的內部組織，部分段落欠缺主題句和闡釋部分	文章中間兩個段落能夠符合說明文段落的「主題句─闡釋（舉例子）」的內部組織
	讀者能夠透過作者的介紹了解到雞蛋仔的基本特徵	文章的資訊性較強，較能吸引讀者的閱讀興趣
語篇	作者能初步運用評價詞來介紹雞蛋仔的特徵，例如「很特別」、「很有名」、「很多」，但是略嫌重複「很」字	文章能夠準確運用較多不同的評價詞彙，例如「不同的」、「深受」、「喜愛」等
	作者能夠用不同的連接詞來連接不同句子之間的意思，例如「因為」、「所以」等	文章能夠善用不同的連接詞來增強句子之間的邏輯關係，例如「尤其」、「在……」方面」、「例如……」等」、「不但……」而且……」等
	作者能夠運用指示代詞「它」來指代雞蛋仔，以及能夠運用「這」	文章能夠正確運用不同的指示代詞，例如「每個人」、「很多人」、「它」、「大眾」等
書寫表現	作者的標點符號運用尚算準確 已初步懂得分段 但第三段分段主題明確	文章的標點符號運用恰當，且能正確運用頓號和感歎號等 分段清晰，每段主題明確

從表10.4所示，高程度學生的前測表現已不錯，經學習後，後測更有長足的進步。在前後測比較中，在語境方面的文步結構、內部組織、和提供資訊上有顯著的進步。在語篇方面，學生能準確運用更多不同的評價詞彙、連詞以及指示代詞。而在書寫方面，該學生能更恰當地運用標點符號，包括頓號和感歎號，分段也更清晰。

2. 前測與後測寫作表現之比較：低程度學生

前測寫作文本題目：《一種特別的食物》

> 世界上有很多特別的食物，但是我最喜歡的食物是香港黃色的魚蛋，魚蛋是香港其中一個很出名的食物。牠是圓圓的。牠有黃色又有白色，我喜歡的是黃色的，因為很味美。希望可以食多 d 味美的魚蛋。

後測寫作文本題目:《介紹電腦(或者其他電子產品)》

> 　　現代世界手提電話是每人的生活中很重要的物品,差不多每一個人的手上都有。
>
> 　　手提電話的產地有很多,中國和印度是其中兩個國家。它的種類也多,最出名的是「Samsung」和「iPhone」。
>
> 　　手提電話的外形也許多。不同手提電話有不同的外形,最多時候是長方形。它們的顏色也很多,最普遍的是黑色和白色。功能包括玩遊戲、上網、打電話等。
>
> 　　總的來説,手提電話是不可少的。它不但功能多而且外形也是不同。

　　分析過學生前測文章的問題,導師以「閱讀促進學習」教學法作針對性教學後,該生後測文章有以下的進步:

表10.5:低程度學生的前後測分析對比

寫作評核	前測	後測
語境	能夠簡單介紹香港的特色食物——魚蛋,尚算符合説明文的寫作目的	文章能夠清楚介紹手提電話的不同特徵,符合題目的寫作目的
	文章只有一段,未能展現正確的説明文文步	文章一共分成四段,並且展現正確的説明文「提出現象—逐層闡釋1-n—總結」的文步結構
	文章只有一段,未能在段落中展示正確的「主題句—闡釋(舉例子)」步驟	文章能夠在中間兩個段落展示正確的主題句和闡釋(舉例子)的步驟
	文章的內容尚可,但是過於簡略	文章內容豐富,提供較多有關手提電話的資訊
	文章的內容較短,作者提供的資訊較少,未能吸引讀者的閱讀興趣	文章介紹手提電話的資訊性較強,並能提供充足例子,吸引讀者興趣
	作者嘗試圍繞魚蛋這種食物進行書面介紹,但文章較多口語,例如「食多d」	文章能夠針對寫作題目進行書面解説,表述恰當
語篇	文章嘗試運用合乎説明文類的詞彙以介紹魚蛋,但作者的詞彙量不足,導致有時辭不達意	文章能夠運用合乎説明文類的不同詞彙以介紹手提電話的不同特徵,而且用詞大多準確
	文章嘗試運用評價詞來介紹魚蛋和表達作者個人喜好,但較簡單,例如「最喜歡」、「很出名」、「很味美」等	文章能夠正確運用不同的評價詞來介紹手提電話受歡迎程度的特徵,例如「很重要」、「每一個人」、「不可少的」等
	文章嘗試使用指示代詞「地」,但是用法錯誤	文章能夠正確使用不同的指示代詞,例如「每一個人」、「它」、「它們」等
書寫表現	一段到底,未掌握分段技巧	能按主題分段説明

從表10.5所示，低程度學生在前後測比較中呈現很大的進步。在語境方面，較能掌握說明文的寫作目的，運用正確的主題句和闡釋步驟作恰當的書面解說；另外，學生在文步結構、內部組織和提供資訊上，也有顯著的進步。在語篇方面，該學生能運用較準確和較多不同的詞彙，例如不同的評價詞及正確的指示代詞，能夠適當分段。

3.4　學生前後測表現與教學的關係

根據以上對於不同中文水平學生的說明文前後測寫作文本的分析可以看到，導師運用「閱讀促進學習」教學法後，能有效幫助不同程度學生提高寫作說明文的能力。從文本分析上所見，兩位學生的後測文本表現均比前測文本有較大的進步。

在語境方面，兩位學生的後測文本均能展現較完整的說明文文步結構，符合「提出現象—逐層闡釋1-n—總結」的結構。而特別為了幫助學生解決他們在前測寫作中出現較嚴重的文步內部組織「主題句—闡釋（舉例子）」混亂鬆散、分段不清晰的問題，導師在詳細閱讀過程中加入文步結構的清楚講解，以及在「密集式策略」中加入排列篇章段落順序的課堂活動，以加強學生對於說明文各個段落的內部組織的認識。另一方面，導師給學生安排的共同重寫篇章和共同建構新的說明文的集體寫作環節，能夠有效幫助學生鞏固關於說明文文步結構的知識，並加強學生行文表達的邏輯思維以及清晰合理地分段寫作的能力。此外，學生需要把全部集體寫作的篇章抄寫在自己的課堂筆記簿上，都是有助鞏固課堂所學。

總結而言，共同重寫和共同建構說明文篇章的集體寫作活動，能有效幫助學生的後測文本呈現清晰的分段，以及各個段落的文步內部組織均符合「主題句—闡釋（舉例子）」的結構格式。

至於在語篇方面，兩位學生的後測文本的詞彙運用明顯得到改善，基本上都能運用不同的詞彙來介紹一種電子產品，而且句式多樣化，較少出現語法和句法錯誤，句子意思清楚而且合乎邏輯。而針對學生在前測寫作中出現的連詞和照應詞運用較少或運用不恰當的問題，導師在教學過程中特別強調學生對於遣詞造句的應用技巧。首先，在詳細閱讀篇章的過程中，中文導師除了重點講解篇章的內容大意之外，也特別講授篇章的連詞的句式結構和運用技巧，並要求學生練習寫句子，以增加他們對於連詞句式結構的知識和實際應用在寫作句子上的技能。同時，重視給學生講解照應詞和指示代詞、代名詞等詞語的不同功能和應用技巧，以及在共同建構新篇章的過程中，特別應用不同的照應詞去寫作，都有助強化學生對於照應詞的認識和應用。

　　另外，兩位學生的後測寫作在語法、評價詞、語場（內容）、語旨（讀者感）和語式（表達方式）等方面，均比前測有較大的進步，文章內容顯得豐富，詞句表達準確而流暢，錯別字也大為減少。可見，他們的說明文寫作能夠在字詞、句式和通篇結構三方面，均有顯著的進步，由此證實了「閱讀促進學習」教學法教授非華語學生學習說明文寫作的成效。

四、教學反思和總結

　　總括而言，運用「閱讀促進學習」教學法，分析學生說明文前測寫作表現而進行的針對性教學設計，能夠令程度不同的非華語學生在中文說明文寫作方面的表現大大提高，而且在語文運用上有顯著的改善，可見運用「閱讀促進學習」教學法教授非華語學生學習說明文寫作的成效。這次的研究，除了有學生說明文前後測表現的統計分析和高低程度學生的文本分析外，研究人員還收集了中文導師的教學反思，深入探討「閱讀促進學習」教學法應用在非華語學生的說明文寫作課堂上的實施成效。其中，導師的教學反思有以下各點：

1. 運用四層次的提問法引導不同能力的學生理解課文，能令他們有信心回應提問，並認真記下關鍵詞語；
2. 學生經過導師的鼓勵和培養自信後，大部分能嘗試運用閱讀篇章時所學的東西於寫作上；
3. 大部分學生能積極參與導師的分組活動，但是要留意個別學生的表現比較活躍，需作個別輔導；
4. 大部分學生能積極參與共同建構、寫作新篇的課堂活動，課堂氣氛熱烈。

　　根據以上中文導師的課堂觀察和教學反思，可以看出「閱讀促進學習」教學法應用在教授非華語學生學習說明文寫作，能夠有效帶動全班不同程度的學生認真投入地參與課堂，並積極回應導師的提問。而且課堂較多師生問答互動、同輩互相協助共同寫作、小組討論活動，都有助帶動課堂氣氛，提高學生學習中文的興趣和動機。由此更進一步證實了「閱讀促進學習」教學法在非華語學生中文課堂上的應用成效。

鳴謝

　　容運珊導師進行「閱讀促進學習」說明文研究項目的實際教學，謹此致謝！

參考書目

岑紹基（2013）。〈文類教學法對提高非華語學生記敍文寫作能力的成效〉。《漢字漢文教育》（韓國漢字漢文教育學會），第30輯，頁143–170。

岑紹基（2015）。〈「閱讀促進學習（R2L）策略」對提高非華語學生讀寫能力的成效〉。載於林偉業（主編）：《面向中文學習者的中文教學——理論與實踐》。新加坡：南大—新加坡華文教研中心。

岑紹基（2016）。〈R2L教學法對提高非華語中學生求職信寫作能力的成效〉。《海峽兩岸四地應用文高端論壇》（澳門大學出版社）。

教育局（2018）。〈大學教育資助委員會（教資會）資助院校課程及指定專業／界別課程資助計劃下的學士學位課程——接納以其他中國語文科資歷申請入讀〉。取自http://www.edb.gov.hk/attachment/en/student-parents/ncs-students/about-ncs-students/Jupas201819/Use%20of%20alt%20Chi%202018%20(TC)_updated%20(20.2.2018).pdf

羅嘉怡、謝錫金（2012）。〈促進非華語幼兒漢字學習的校本課程設計初探〉。《漢字漢文教育》（韓國漢字漢文教育學會），第28輯，頁171–195。

Culican, S. J. (2006). *Learning to write, reading to learn: A middle years literacy intervention research project: Research report 2003–2004.* Melbourne: Catholic Education Office.

McRae, D., Ainsworth, G., Cumming, J., Hughes, P., Mackay, T., Price, K., Rowland, M., Warhurst, J., Woods, D., & Zbar, V. (2000). *What has worked, and will again: The IESIP strategic results projects* (pp. 24–26). Canberra: Australian Curriculum Studies Association.

NSW Department of Education and Training. (2010). *Reading to learn report for Western NSW Region.* NSW: Implementation and Outcomes of the Professional Learning Program.

Rose, D. (2012). *Reading to learn: Accelerating learning and closing the gap* (Vols. 1–10). Teacher training books and DVDs. Sydney: Reading to Learn.

Rose, D., & Martin, J. R. (2012). *Learning to write, reading to learn: Genre, knowledge and pedagogy in the Sydney school.* Sheffield: Equinox.

第 11 章

「閱讀促進學習」教學法在香港非華語中學生中文記敍文寫作課堂的應用及其成效

容運珊

　　長期以來，香港的前線老師和非華語中學生都面對欠缺有效中文第二語言教學法的困難。研究者嘗試引用從系統功能語言學發展出來的英語第二語言讀寫教學法——「閱讀促進學習」教學法，應用在非華語中學生的中文課堂上，評估這種教學法對提高學生讀寫能力的成效，並探究這種教學法在香港非華語中學生中文課堂實施的困難與對策。

　　本研究以香港一所本地學校的中一級非華語學生及一位中文老師作為研究對象，觀察該老師運用「閱讀促進學習」教學法進行文類教學的課堂情況。本章運用系統功能語言學的「宏觀教學進程」理論對參與師生的記敍文教學作課堂研究，以及運用圖式結構、銜接系統等理論作文本分析，結合師生的訪談意見，評估這種教學法的實施成效。此外，根據受訪師生的訪談意見，探究「閱讀促進學習」教學法在香港非華語中學生中文課堂實施的困難，從而提出切實可行的對策。

　　關鍵詞：「閱讀促進學習」教學法；非華語中學生；記敍文寫作；成效；對策

一、前言

　　香港教育界一直十分關注在港非華語學生學習中文面對的困難，近年來針對非華語學生學習中文的研究主要體現在學生的學習困難、學習動機、教材、教學策略和評估方法等方面。由於針對課堂教學實踐的研究成果能夠直接為教

師提供有效的教學參考模式，讓他們有法可循，恰當調適以用在自己的實際教學上，對於老師之教、學生之學都是相得益彰的。有見及此，研究者力圖借鑑從系統功能語言學發展出來的「閱讀促進學習」教學法（Reading to Learn，簡稱R2L；有關這種教學法的介紹，可參考本書第9、10章的內容），應用在香港非華語中學生中文寫作課堂的實踐上，藉以填補目前學術界在非華語學生中文教學法實踐研究的空白。

二、研究目的

由於目前針對非華語學生中文教學的研究課題未能探索出一套真正適合非華語學生有效學習中文、前線老師有效教授中文的第二語言教學法，故此本章嘗試透過援引R2L教學法應用在香港非華語中學生的寫作教學上，探究這種教學法在香港非華語中學生中文課堂實施的成效，並評估這種教學法應用在非華語學生中文課堂上的可行性。

三、研究問題

基於上述研究目的，本章以探究R2L教學法在香港非華語中學生中文課堂的應用成效、及其對提高非華語中學生學習動機和讀寫能力的成效為研究重心，以下是本章的研究問題：

1. 在中一級非華語學生的中文記敍文寫作課堂上，中文老師運用R2L教學法教授的課堂結構有何特徵？
2. 參與本研究的中文老師和非華語學生對於R2L教學法在記敍文寫作課堂上的實施成效有何評價？

四、研究方法

4.1 課堂學習研究：「宏觀教學進程」對中文教師的課堂教學表現的評估

本章運用澳洲系統功能語言學專家Christie的「宏觀教學進程」理論作課堂結構分析，展示師生在記敍文類寫作教學的課堂結構圖，探究中文老師建構課堂教學的特點，並比較師生在各個教學階段中的互動以及學生共同合作的不同模式。

　　Christie認為「宏觀教學進程」構成了不同課程文類（curriculum genres）一個持續的順序，而這個持續的順序通常是出現在數天或數週的教學過程中，並會在教學過程中由老師教授，而學生學習到各種新知識和對所學事物產生全新的理解和認知（岑紹基，2005：11；Christie, 1997: 147）。一種文類的教學週期（teaching and learning cycles）可以理解為這個「宏觀教學進程」包含多個不同的教學階段（Christie, 1994: 13–14）：

　　第一是「課程啟動」（curriculum initiation），代表一個相關知識領域的教學法任務在建立時的初始階段；

　　第二是「課程推展」（curriculum negotiation），代表在教學進行期間的中間階段；

　　第三是「課程收束」（curriculum closure），代表教學完成時的最後階段。

　　而應用在實際的中文教學中，岑紹基則分辨出這三個不同的課程文類有其特定的教學內容（岑紹基，2010：141），分別是：

1. 課程啟動：首階段的教學進程，老師透過引入教學活動，向學生介紹新知識；
2. 課程推展：次階段的教學進程，學生開始進行課業，這是教與學的最主要時段；
3. 課程收束：最後的教學進程，是教與學的總結階段，課業完成。

　　可見，Christie的「宏觀教學進程」模式是一種有系統地展示一個教學週期結構的重要工具，並能辨別出當中的教學步驟。這也可用來分析授課老師是如何建構、組織他們的教學單元的（岑紹基，2010：141；Christie, 1994: 14–15）。「宏觀教學進程」模式還可以用來探究在教學週期的不同步驟中師生與學生之間的合作關係。

4.2　訪談

　　研究者嘗試運用半結構式訪談的方法，探究參與研究的中文老師和學生對於運用R2L教學來學習記敘文寫作的評價，以及這種教學法在香港非華語中學生中文課堂實施的可行性。研究者和中文老師作兩次深入的個人訪談（教學前和教學後），以及邀請參與學生中屬於高、中、低不同程度學生（各二名）作兩次深入的小組訪談（教學前和教學後）。

五、研究對象

5.1 中文老師

參與本研究的中文老師具有五年教授非華語學生學習中文的教學經驗，曾在香港大學接受R2L教學法的專業培訓，並多次參與R2L教學法的教師培訓，對這種教學法的實施步驟有一定的認識和掌握，他運用這種教學法的時間是一年。而該老師參與本研究的記敘文教學，一共有12小時的教學時間，共教授了4個課節，每個課節的時間為3小時。

5.2 中一級非華語學生

在學生取樣方面，參與本研究的中一級非華語學生共有15人。全部學生皆為女生，並就讀於同一間中學的中一級，年齡約為12歲，全部來自南亞地區，以菲律賓和尼泊爾為主。學生學習中文的平均時間約為三年，根據任課老師的寫作前測評估，這班學生的中文水平屬於中等。而在這一次的教學研究中，她們主要是在暑期學習班中學習記敘文的中文寫作適應課程。

5.3 教學文類：記敘文

參與研究的學生接受中文記敘文的文類教學，是考慮到中一級非華語學生在掌握中文詞彙量和篇章結構的能力較弱，而記敘文相對其他文類，屬於文章結構較為簡單、詞彙量較為淺白的文類，比較適合中文程度較低的中一級學生。

而在記敘文教學中，中文老師教授的範文內容屬於透過事件來敘述個人喜好和學校生活的範疇。研究者提供的上課教材是選用香港大學中文教育研究中心編印的《新版中文八達通》第二冊單元六記敘文類「四季、天氣與衣著」的相關篇章，以及是由研究者根據學生的學習能力而自行編寫的文章，以供學生作課後的額外延伸讀物。選用《新版中文八達通》的課文作為上課教材，是因為當中的文章是按照文類教學法的理念設計出來的，重視語言的實用功能，而且課文題材生活化，既包含本土中國文化，又能糅合南亞族裔文化 (Shum, 2015)，較能達到非華語中學生在生活情境中學習語言和文化的目標。為了更配合參與本研究的學生的中文水平，研究者參考中文老師對範文內容的意見，對這些文章作了一些相關的改動。而記敘文的功能和圖式結構則如表11.1所示 (岑紹基，2010: 116–119)。

表11.1：敍述文類的功能和圖式結構表

分項	細目
1. 功能	– 按時空把人物經歷或事件始末記敍出來
2. 圖式結構	– 背景＾行動＾激化＾化解＾結局＾評議

　　為客觀評價參與學生的記敍文學習成效，研究者給全部學生進行了前、後測的寫作測試，設定記敍文前測的作文題目為〈校園難忘事〉，後測作文題目為〈記一件校園XX事（愉快、快樂、傷心、難過等）〉。

六、研究結果

6.1 教學前的師生訪談

　　研究者在是次教學開始之前，對所有參與的師生進行了教學前的訪談。對全部非華語中一級學生的訪談，主要針對學生對自己的記敍文前測寫作表現的評價、他們在記敍文寫作上的困難，以及他們對老師教授記敍文的期望等。而對中文老師的訪談，主要針對他的教學目標，以及他在學生記敍文寫作困難方面的教學設計等。

　　透過對參與學生的訪談，研究者從中得知全部學生在面對自己的記敍文寫作前測時，均認為自己較難寫出一件發生在校園的事情，不知如何寫故事。她們都希望中文老師教會她們如何寫作一篇符合敍述文類規範的敍事文章，增加中文的詞彙量和連接詞，並改善中文句子結構的準確程度，例如有學生提到：「想學會如何寫一個完整的故事，多學一些連接詞和寫好一點的句子。」

　　至於對中文教師的訪談，研究者從他的訪談意見中得知他在評估過學生的記敍文寫作前測試卷之後，認為學生的中文寫作出現篇章文步結構鬆散、敍述文類特色模糊、句子結構混亂和詞彙量不足等問題，例如他提到：

> 看得出她們完全不知道記敍文的文章結構是甚麼，詞彙量好少，影響句子和整篇文章的表達。……有好多句子都是英文句子，都是直接翻譯過來的。

　　因此中文教師的教學目標是透過講授相關範文，教會學生掌握敍述文類的文步結構和文類特色，學習與該文類相關的時間連接詞，以增加學生對記敍文特徵的認識，從而改善學生寫作上通篇內容不連貫和句式不銜接的情況。

6.2 記敘文課堂結構分析

在是次教學研究中，中文老師的記敘文教學共有四個教節，每一教節均為三小時，教學主題包括了：(1) 準備閱讀、詳細閱讀；(2) 詳細閱讀、共同重寫；(3) 共同建構、詳細閱讀、個人創作；(4) 教學總結。以上的全部教學內容均是在上課期間完成的。研究者透過課堂觀察，總結中文老師的記敘文「宏觀教學進程」如圖 11.1 所示。

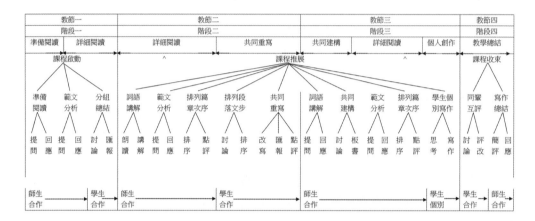

圖 11.1：非華語中一級師生的記敘文「宏觀教學進程」
(參 Christie, 1997: 147；岑紹基，2010：140；岑紹基等，2015)

以上研究者概述了參與師生的記敘文寫作教學的全部過程，呈現師生整個教學過程的「宏觀教學進程」。而研究者對於具體的教學內容描述如下：

表 11.2：參與師生的記敘文教學內容簡表

教學步驟	教學詳細內容
1. 課程啟動	準備閱讀、詳細閱讀：準備閱讀 ^ 範文分析 ^ 分組總結 (階段一)
2. 課程推展	–詳細閱讀、共同重寫： 詞語講解 ^ 範文分析 ^ 排列篇章次序 ^ 排列段落文步 ^ 共同重寫 (階段二) –共同建構、詳細閱讀、個人創作： 詞語講解 ^ 共同建構 ^ 範文分析 ^ 排列篇章次序 ^ 學生個別寫作 (階段三)
3. 課程收束	教學總結：同輩互評 ^ 寫作總結
4. 「課程啟動」階段知識建構的互動關係	在「課程啟動」的階段一中，主要是「師生合作模式」和「學生合作模式」兩種互動關係。其中，首先在「準備閱讀」和「範文分析」中較多老師和學生之間的提問互動，故屬「師生合作模式」；然後在接下來的「分組總結」中，則以學生分組討論和匯報討論結果為主，故屬「學生合作模式」。

表11.2（續）

教學步驟	教學詳細內容
5.「課程推展」階段知識建構的互動關係	– 在「課程推展」的階段二中，主要是「師生合作模式」和「學生合作模式」兩種互動關係。其中，在「詳細閱讀」中有較多師生之間的討論、提問和互動，故屬「師生合作模式」；而之後的共同重寫活動，則以全班學生分組排列段落文步並進行共同重寫的集體創作互動，故屬「學生合作模式」。 – 在「課程推展」的階段三中，主要是「師生合作模式」和「學生個別活動模式」兩種互動關係。首先在「共同建構」和「詳細閱讀」中有較多老師和學生之間的討論、提問和互動，學生在老師的引導下共同創作一篇新的記敘文篇章，故屬「師生合作模式」；而其後則以學生進行個別自由創作為主，故屬「學生個別活動模式」。
6.「課程收束」階段知識建構的互動關係	在「課程收束」的階段四中，主要是「學生合作模式」和「師生合作模式」兩種互動關係。首先是同輩互評記敘文寫作試卷，學生之間的互動關係較強，故屬「學生合作模式」；而最後以師生提問的方式進行寫作總結，師生互動關係較強，故屬「師生合作模式」。

6.2.1 記敘文教學步驟

　　表11.2顯示參與師生的記敘文寫作課堂結構具體內容。在階段一的「課程啟動」方面，中文老師進行「準備閱讀」和「詳細閱讀」，是以教授範文為主，老師在講解文章之前，先以師生提問互動的方式給學生簡介所教範文的具體內容，以引起學生的學習興趣，並在講解完範文內容之後，以分組總結段落內容的活動形式來加強學生對範文內容的理解。就第一階段整個教學流程而言，中文老師在開始講解記敘文範文之前能夠先給學生簡介範文內容，並就教學內容進行師生問答互動，這就相比大多數老師一開始即講解範文，更能夠讓學生在充滿準備和較熟悉的情境下接受老師的教學，學生的學習信心也較大。而且中文老師安排學生在學習完記敘文範文之後，再安排小組總結段落內容的課堂活動，讓學生發揮群策群力、互相幫忙的合作精神，並透過分組活動去帶動不同能力的學生互相協作，有效提高課堂熱鬧氣氛。

　　而在階段二和階段三的「課堂推展」中，中文老師的教學步驟均有共同解構篇章的環節，中文老師以詳細講解的形式給學生解釋記敘文篇章中的各段內容大意，而且重視給學生講解範文的記敘文文步結構，並進行排列篇章次序的課堂活動。而在講解範文的過程中，中文老師比較重視向學生講解範文中的關鍵詞語的意思用法，以強化學生對所學詞彙的掌握以及對範文內容的理解。

　　而在「課堂推展」的階段二中，中文老師安排了寫作活動給學生。他安排全班學生分組完成「共同重寫」所學範文的集體創作活動，學生在分組創作之前，給予寫作提示。例如安排全部學生分組排列段落文步次序，藉以強化學生對篇章內容和記敘文文步結構的掌握。

在「課堂推展」的階段三中，中文老師會講解範文和安排學生完成個人創作的課堂活動。中文老師在講解範文之前，先引導全班學生進行「共同建構」的集體寫作新範文活動，以鞏固學生對記敍文文步結構的掌握，而隨後開展的範文講解活動則集中在文步結構的講授方面，對內容和詞句的講解則以略述為主。就寫作教學而言，中文老師以師生共同創作新篇章的方式，安排全班學生進行集體寫作活動，這樣所寫的篇章乃是一篇由師生共同商定、修飾的新範文，不但詞句準確，而且結構完整，可以為全班學生提供再多一個記敍文範文樣本，更加是一種對學生的個人寫作很有幫助的閱讀和寫作輸入，特別是對那些中文程度較低的非華語學生而言，這種由老師和全班學生提供的寫作支援，既能讓他們學習到記敍文範文的文步結構，也可以增加有用的記敍文詞彙和句式，對於之後的個人創作有較大的幫助。

在階段四的「課堂收束」中，全班師生一起完成「教學總結」活動，中文老師在進行寫作總結之前，先讓全班學生運用GCSE寫作評核表作同輩互評的活動，然後再安排寫作總結的教學活動。就整個教學過程而言，學生在學習了記敍文篇章之後，能自行寫出一篇正式的記敍文來，同時積累了一定的記敍文寫作知識，而透過互相評改同學的寫作文本，則一方面可以考察學生對於記敍文篇章的評賞能力，另一方面也可以鞏固學生所學的記敍文閱讀和寫作知識，所以同輩互評的課堂活動對於學生整理和總結記敍文知識，十分重要。

6.2.2 學生學習經驗的建構

中文老師比較重視和學生共同閱讀記敍文文本，講解文本中的詞彙、句式和文步結構；並且重視學生的分組討論、互相合作共同寫作的活動，以及與學生之間的互動、協作，進行集體創作活動。所以，在教學的過程中，學生的記敍文知識的建構是來自於老師對記敍文篇章的講授和指引，也來自於老師在寫作過程中的引導和支援，以及同學之間的互相協作、幫忙，在師生之間和學生之間的互動學習經驗中共同構建有用的記敍文寫作知識。

6.2.3 教學法實施的重點

中文老師的記敍文教學步驟圍繞着這種教學法的三個教學環圈而展開，從詞彙量、句式運用和篇章文步結構三方面來靈活運用教學環圈中的步驟實施教學。由於R2L教學法本身十分重視老師對學生閱讀上的支援，所以中文老師在教學的過程中重視詳細講解篇章內容和詞句意思的步驟。而R2L教學法強調老師帶領學生共同創作新文章及全班學生分組完成集體改寫範文的活動，所以課

堂的集體活動相對較多，在教學的過程中比較重視師生之間、學生之間的共同
活動。

6.2.4 同儕互助策略的應用

中文老師運用R2L教學法去施教，這種教學法強調師生之間的互動、學生
之間的協助，故師生會有較多同輩之間的互動合作活動，例如體現在學生分組
討論和集體寫作的「共同重寫」記敘文篇章，以及全班學生互相評核同學的記敘
文寫作試卷的「同輩互評」活動，還有由老師引導、學生共同討論並表達意見的
「共同建構」新篇章的寫作活動。所以，中文老師採用R2L教學法，會有較多同
儕互助合作的活動環節。

6.2.5 課堂互動關係模式

在教學過程裡，中文老師相當重視師生之間和學生之間的互動協作，並強
調老師對學生的支援和引導作用，所以在「課程啟動」的準備閱讀、詳細閱讀
環節中，有「師生合作模式」、「學生合作模式」兩種；「課程推展」則有「師生合
作模式」、「學生合作模式」和「學生個別活動模式」三種；「課程收束」則有「學
生合作模式」和「師生合作模式」兩種。根據是次記敘文教學的「宏觀教學進程」
圖，在15個教學步驟中，「師生合作模式」共出現10次，佔了全部課堂互動關係
模式總數的67%，主要體現在準備閱讀、詳細閱讀、共同建構和寫作總結等活
動中。而「學生合作模式」出現四次，佔全部課堂互動關係模式總數的27%，出
現在分組總結、共同重寫和同輩互評等活動中。「學生個別活動模式」則出現一
次，在個人創作的環節中出現。所以，參與師生的課堂互動關係模式主要是「師
生合作模式」和「學生合作模式」兩種。

6.2.6 小結：非華語中一級學生記敘文教學的課堂結構總結

以上研究者根據Christie的「宏觀教學進程」的理論，分析了參與師生在記敘
文教學上的課堂結構特點。結果顯示，中文老師運用R2L教學法本身特有的「共
同重寫」、「共同建構」等活動，重視學生和學生之間的分組協作，以及老師引
導學生共同完成寫作活動，因此中文老師的教學法實施重點是老師的支援和指
導，以及學生之間、師生之間的互動合作，而其課堂互動關係模式是以「師生合
作模式」和「學生個別活動模式」為主。

6.3 課後訪談：參與師生對於R2L教學法在記敘文課堂上的實施成效評價及建議

研究者在這一次的記敘文教學完結後，對參與師生作教學後反思訪談，以了解他們對於R2L教學法在記敘文課堂上的實施成效評價。根據師生的訪談意見，可以發現中文老師認為R2L教學法的共同寫作活動有助帶動全班學生一起構思文章寫作內容，集思廣益，達到同輩互助的效果，並能鞏固學生對記敘文文類知識的掌握，例如他指出：

> 這種教學法比較重視全班學生共同參與的精神，例如我們會有好多小組活動……用了R2L之後，我覺得自己會更加重視讓學生多一些參與課堂，例如小組改寫範文段落，小組報告，師生集體創作等等，都是帶動到學生的共同參與。……全班一齊寫故事可以幫助她們寫到一篇完整的故事類文章。

而詳細閱讀和共同改寫範文的步驟，有助提高學生對範文內容和詞彙的理解能力，並且加強她們對運用不同詞句進行寫作的能力，例如中文老師指出：

> 提問好重要……用了這個R2L之後，都知道應該按照學生不同能力來提問不同難度的問題，理解文章的內容都好一點。……改寫範文的效果是大的，因為我會事先給她們多一些的準備，不會令她們覺得好像是在考她們。……全班參與度是高的，認識的字詞和句式也多一些，反映在她們的寫作上就最明顯啦。

而參與學生也普遍認為中文老師的教學方法有較多的課堂活動，課堂教學氣氛良好，例如有學生指出：

> 我喜歡和同學一起參與一些課堂活動，例如小組討論、小組寫作，會幫助我明白文章的內容和怎樣寫好一篇文章。

而中文老師詳細講解範文的內容和詞句意思，有助提高她們對篇章內容和詞彙意思的掌握能力，以及增加記敘文的文類寫作知識，例如另一位學生指出：

> 老師解釋字詞很詳細，也教我們如何寫句子，學習一些時間連接詞，例如首先、然後、最後，我都有用在作文裏。

由此可見，從參與師生的教學後反思訪談，可以得知師生對運用R2L教學法進行記敘文教學成效之肯定和讚賞，而學生也能把課堂所學知識應用在個人寫作上。

　　總的來說，根據以上師生的訪談意見，可以看出中文老師運用R2L教學法進行記敘文寫作教學，更能有效提高學生參與課堂的積極程度，並增加學生對記敘文的寫作知識，從而提高她們的寫作能力。

七、總結

　　本章探討了R2L教學法對提高香港中一級非華語學生中文記敘文寫作能力的成效，研究者分別從課堂結構和師生訪談兩方面來分析參與師生在運用R2L教學法進行記敘文寫作課堂的實施情況和教學成效，以評估R2L教學法對提高非華語學生參與課堂教學的動機，以及提高學生中文記敘文寫作能力的成效。

　　在課堂結構方面，中文老師運用R2L教學法去施教，重視對閱讀文本的清楚講授，以讓學生深入理解文章的內容。在教學過程中，中文老師為了讓學生明白範文的內容，除了設置較多問答互動環節之外，也為學生安排小組共同重寫範文的活動，重寫範文的核心段落是在於讓學生透過運用自己已有的詞彙和句式知識來改寫範文段落中的詞彙和句式，進一步加強她們對文章內容的理解，以及強化她們運用詞語和句子的寫作能力，所以中文老師十分強調共同重寫在教學過程中的重要性。

　　而共同重寫的活動也能夠有效提高學生的閱讀和寫作能力。參與學生對於共同重寫的活動成效也持正面的評價，認為這個集體改寫範文的活動有助強化她們對所學範文知識的掌握，例如有學生指出：

> 我覺得一起改寫文章的段落很好，我可以在改寫的過程中明白裏面的內容和生字，都有試試用來作文時用。

　　所以，參與學生透過這個共同重寫的寫作活動能夠明白範文的詞彙和句子，並應用在自己的寫作中。

　　總括而言，根據參與師生的訪談意見，可以看出R2L教學法能夠有效提高中一級非華語學生參與課堂教學的積極性和學習動機，也加強學生之間的互動、協作精神，從而有效提高她們寫作中文記敘文的能力。

參考書目

岑紹基（2005）。《作文量表互改研究與實踐》。香港：香港教育圖書公司。

岑紹基（2010）。《語言功能與中文教學：系統功能語言學在中文教學上的應用》。香港：香港大學出版社。

Christie, F. (1994). On pedagogic discourse: Final report of a research activity funded by the ARC 1990–2. Institute of Education, the University of Melbourne.

Christie, F. (1997). Curriculum macrogenres as form of initiation into a culture. In F. Christie & J. R. Martin (Eds.), *Genres and institutions: Social process in the workplace and school*. London; Washington: Cassell.

Rose, D. (2006). *Scaffolding the English curriculum for indigenous secondary students: Final report for NSW 7–10 English Syllabus, Aboriginal Support Pilot Project*. Sydney: Office of the Board of Studies.

Shum, M. S. K. (2015). The effectiveness of "reading to learn" pedagogy to teaching Chinese to non-Chinese-speaking students in Hong Kong. In M. S. K. Shum. (Ed.), *Applicable linguistics across Chinese speaking regions: Language (in) education in mainland China, Hong Kong and Singapore*. New York: Springer.

第12章

「動中文 mLang」教學法：
以移動科技輔助中文作為
第二語言學習

羅嘉怡、辛嘉華、祁永華、劉文建

　　踏入二十一世紀，資訊科技於日常生活中佔有很重要的地位。在香港運用資訊科技於日常教學乃政府大力推行的教育政策之一，具有相當重要性。鑑於香港學生和老師於中文作為第二語言教學上都面對很大挑戰，研究團隊於2014年開發了「動中文 mLang」智能詞彙卡學習應用程式（下稱 mLang），並發展出「動中文 mLang」教學法。這套教學法曾配合不同的課程設置模式在多間學校推行實踐，證實能有效減輕老師的負擔，同時提升中文作為第二語言學生學習中文的成效及其自學能力。mLang 所創設的無縫學習電子平台，讓學生可以用照片和中文及其他語言創作詞彙卡；通過科技，學生可以把生活經驗帶入課堂，變成形音義俱備的個人化學習資源，與其他同學分享；教師設計學習活動或遊戲，讓大家有機會提取和運用共同建構的學習資源，促進彼此的學習。本章詳細介紹此教學法的理念及提供教學設計舉隅，探討如何以移動科技輔助中文作為第二語言學習。

　　關鍵詞：移動科技輔助學習；中文作為第二語言學習；第二語言習得；詞彙學習

一、引言

　　踏入二十一世紀，資訊科技於日常生活中佔有很重要的地位；為此，香港教育局亦把「運用資訊科技進行互動學習」納入課程發展其中四個關鍵項目之一（教育局，2014）。

　　隨着學習中文作為第二語言學生的人數與日俱增，師生在學與教上均面對很大挑戰，包括學習動機低、學習差異大、缺乏家庭支援、缺乏合適的學習材料等問題（林偉業、張慧明、許守仁，2013；祁永華、岑紹基、叢鐵華，2012；謝錫金、祁永華、岑紹基，2014；謝錫金、羅嘉怡，2014；羅嘉怡、謝錫金，2012；關之英，2012）。有見及此，研究團隊於2014年開發了「動中文mLang」智能詞彙卡學習應用程式（下稱mLang）和mLang教學法，並曾在多間學校配合不同的課程設置模式實踐，希望減輕老師的負擔之餘，能同時提升中文作為第二語言學生的學習成效及自學能力。本章會詳細介紹此教學法的理念及提供教學設計舉隅，探討如何以移動科技輔助中文作為第二語言學習。

二、「動中文mLang」教學法的目的及特色

　　m的意思包括移動學習（mobile learning）、動機（motivation）、多語言（multilingual）、多文化（multicultural）、多元文本（multimodality），希望學生成為學習的主人（master of learning）。根據語言習得理論（Goodman, 1967），學習者會以個人的經驗和需要選擇想學習的內容。mLang教學法的目的乃針對學生的個人需要，並增加他們運用中文詞彙的機會及學習效能，鞏固中文詞彙形音義的聯繫和記憶，促進同儕學習和發展自學能力。

　　實踐方法是老師依照教學主題或教材內容，以及學生的興趣和能力，去訂定不同的延伸學習主題。然後，學生運用電話或平板電腦的拍攝、錄音和文書功能，**製作個人化的中文詞彙卡**，並上載到mLang，成為班本的中文學習資料庫。老師篩選合適的詞彙卡後，運用分享功能，讓學生閱讀他人的作品，挑選感興趣的內容，完成不同的學習活動，從而實踐人本的課程，並能加強學習的效果。這個中文學習資料庫的設計，參考了美國心理學會（American Psychological Association, 1997）所修訂的學習者為本原則（learner-centered psychological principles），強調照顧學習者的認知、動機、社群互動、學習差異（McCombs and Vakili, 2005）。每張詞彙卡都包括形、音[1]、義的解說，方便使用者

1.　本程式支援以粵語或普通話作為目的語，又可同時選擇錄製英語、印地語、烏爾都語、尼泊爾語、菲律賓他加祿語等多種不同語言，方便學習者以母語輔助中文學習，或發展雙語或多語能力。

自學中文；系統亦接受學生同時輸入多種不同的語言，配合多語言學習概念，既
保留學生的母語優勢，又能促進二語學習。

實境式學習（authentic learning）鼓勵老師讓學生去探索、討論及構建涉及現
實世界的問題和相關的概念與知識（Donovan, Bransford and Pellegrino, 1999）。
因此，老師除了運用 mLang 批改學生的詞彙卡外，還可以提供書面及口語回
饋，具針對性地改善個別學生的書面及口語表達問題，更可透過其分享功能，
讓全班都能檢視優秀或具創意的作品，建構成龐大的學習網絡和知識庫（pool of
knowledge）（見圖 12.1）。

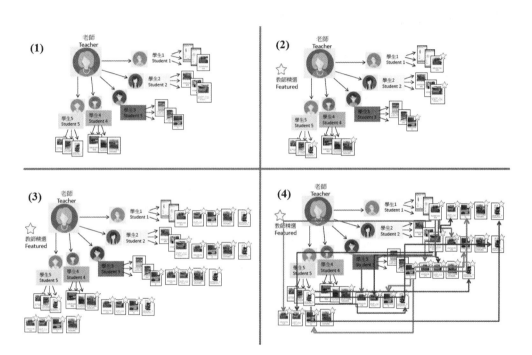

圖 12.1：老師透過 mLang 的分享功能，建構龐大的學習網絡和知識庫

三、「動中文 mLang」教學法的理論架構

3.1 數位時代的學習模式

Prensky（2001）形容現今的學生為「數位原生」（digital natives）的一代，他
們生長在一個充滿科技的世代，習慣同時處理許多事情，偏好主動探索，喜歡
圖片、影像多於文字，能夠同時與許多人透過網絡互動，生活於虛擬與現實之
間。另外，Siemens（2005）提出「聯通主義」學習理論：它視每個學習者為基本

單位，與社會網絡中的其他成員構成一個複雜的學習網絡。各個群體與個人的知識相互影響，使網絡中的學習者不斷進步。因此學習不再是一個人的活動，而是通過選擇知識，構建個人內部和外部的知識網絡的生態過程，因而學習能力比學習當前的知識更為重要，持續的學習會不斷優化學習者自身的內外知識網絡，與時並進。mLang教學法順應數位時代的學習模式，透過讓學習者共同開發學習內容的新穎教學模式，讓學生成為學習的主人，提升他們學習中文作為第二語言的成效及培養其自學能力。

3.2 移動輔助語言學習及無縫式學習空間

mLang教學法採用了移動輔助語言學習（mobile assisted language learning, MALL）（Chinnery, 2006）、無縫式學習空間（seamless learning space）（Chan et al., 2006）概念，讓學生建構個人化的中文詞彙資料庫。無縫式學習空間指學生在任何時候、任何地方都能夠獲取語言學習材料，並與老師和同伴溝通，非常容易地轉換學習模式，大幅降低學習情境的間斷性，以提升整體的學習效率。移動輔助語言學習可以為學生提供一些無法在傳統課堂上獲得的無縫動態學習，並利用移動科技的便攜性及個人化等特點，增強社會和課堂間的連繫，貫穿不同處境中的語文互動，提高語境敏感度，並能因應學生的需要去制定分層課業，便於照顧學習差異；當中對初學者或中文能力較弱的學生的成效尤其顯著（辛嘉華，2015）。

3.3 第二語言習得理論

Chomsky（1965）認為人腦有個天生的語言習得裝置（language acquisition device），強調語言能力是從習得（acquire）而來的。語言學家Krashen根據此概念提出第二語言的「輸入假設論」（input-hypothesis model），主張如果沉浸在一個可理解的語言環境中，學習者就能以有趣、自然和輕鬆的心情學習，學好目的語（Krashen, 1985）。當中，語言學習環境提供充足的可理解輸入（comprehensible input），即學習者能大量接觸閱讀或聆聽材料，是他們習得目的語的關鍵因素，mLang容許學生運用圖片輔助二語學習，學習內容即時變得容易理解（Krashen, 2013）。

此外，Krashen亦提出情感過濾假說（affective filter hypothesis）（2013）及自由自主的閱讀（free voluntary reading）（2011）概念，指出學習者若能在自願、無壓力的情況下自由選擇喜歡的閱讀材料，過程不涉及評估，亦不限制閱讀速度，就能達到最佳的學習成效。因此，mLang教學法着重學生可隨時隨地選擇

閱讀和重溫能明白和感興趣的知識庫內容,並運用移動科技,包括互聯網搜尋及錄音等功能,逐漸為學生消除對中文的陌生和恐懼。學習過程中,他們可不斷聆聽和重錄自己的讀音,直到滿意為止,這樣有助避免傳統課堂上學生不敢公開發言表達的困窘和尷尬,慢慢培養起學習信心。老師只需根據教學目標去擬定不同的學習專題,在過程中擔當促進者(facilitator)的角色,選用學生所製作的學習材料(包括字詞、圖像、錄音),設計學生覺得有興趣和想參與的學習活動,即能實踐自由自主閱讀的概念,並創設人本課程,達到以學生為本的課程目的。

3.4 有機結合中文作為第二語言的學習序列和學生心理詞彙

羅嘉怡、謝錫金(2012)提出了中文作為第二語言的學習序列,認為學習者應先發展聽說能力,逐漸累積口語詞彙後,再發展識字和寫字能力;老師宜讓他們盡快開始閱讀,並同時運用所學進行寫作。然而,研究團隊發現很多中文作為第二語言的學生識字量少,形、音、義知識割裂,未能持續發展中文能力,導致學習進度緩慢。這些學生學習漢字時往往只反覆抄寫字詞(字形),沒有連結其字音和字義,或單靠反覆朗讀字詞,甚至依賴拼音,沒有把字音連結字形和字義,導致識字成效不佳,字詞的掌握並不牢固,遺忘率亦極高,窒礙閱讀和寫作能力的發展。針對上述問題,謝錫金(2000,2001)建議老師透過提取學生的心理詞彙進行識字教學,能幫助他們快速認讀大量漢字。應用這理論在中文二語教學方面,若學生能用英語表達意義,老師馬上指導他們學習相應的漢字字形和讀音,亦能有效地提高他們識字的效率(謝錫金、羅嘉怡,2014;羅嘉怡、謝錫金,2012)。

mLang教學法在這基礎上更進一步,透過移動科技,讓學生運用網上翻譯工具,找到心理詞彙的漢語翻譯,並把已有知識或感興趣的心理詞彙製作成詞彙卡;輸入字形並輔以圖片,加深對字義的印象;以錄音功能反覆朗讀字詞的讀音。三者於程式上同步顯示,正好給他們機會把漢字的形、音、義有機結合,有效鞏固他們對字詞的整體掌握。

四、「mLang」教學法的教學模式

課堂上,mLang教學法多以互動模式進行,mLang應用程式的同步分享功能為學生提供了交流平台,促進同儕協作學習(peer collaborative learning)的動力;學生參與小組學習活動時,能互相檢視和利用mLang提供的學習資源,共同建構知識,提升評鑑能力。另外,mLang教學法主張自主學習(independent learning），希望學生課堂內外多利用手機於日常生活環境中取材，用以製作詞彙卡，作中文學習的延伸及鞏固，藉此增加學生在日常生活中觀察和學習中文的動機及興趣，提升語文自學能力。當班上的學生都參與製作字卡，老師便可運用由學生作品構成的龐大語料庫作為教材，以各種遊戲及課堂任務進行識字、閱讀、聽說及寫作教學（見圖 12.2）。

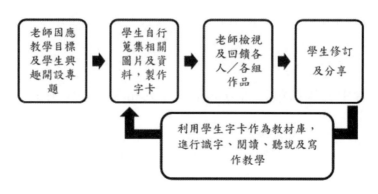

圖 12.2：mLang 教學法的教學模式

與傳統教學不同，由於 mLang 內的教學資源都是由學生提供，內容定必貼近他們的生活經驗和心智，所以更能增加學生的學習興趣、投入感和參與度，使課堂更生動有趣。此外，老師可以按學生的能力，鼓勵他們製作不同數目和難度的詞彙卡（例如詞語、短語、單句、複句句式等），都有助照顧學生的學習差異。

五、「mLang」教學法的教學設計示例

5.1 示例一：以遊戲帶動字詞學習

表 12.1：示例一教案

課堂背景	・實踐班級：中一級，學生能力不俗，能認讀及書寫句子 ・教學主題：新同學 ・教學目標：學生能透過口語及書面語作個人簡介，並能形容及辨識各國美食
課時：1 個教節（40 分鐘）	
課前準備	1. 老師**提問學生自己和家人的國籍及家鄉美食**。 2. 學生課餘時製作最少 10 張與主題食物相關的 mLang 詞彙卡，並上載到伺服器供老師查閱。 3. 老師**查閱學生的詞彙卡並給予回饋**；利用「教師精選」功能分享佳作，以準備「Bingo」或「大電視」遊戲的題目。

表 12.1（續）

15分鐘	4. 老師就着學生的詞彙卡給予回饋。 5. 學生朗讀及重溫新學的字詞。
15分鐘	6. **進行「Bingo」(名詞和形容詞) 或「大電視」(動詞) 遊戲。** (1)「Bingo」玩法：學生於限時內從mLang挑選16個和主題有關的詞彙並填寫在工作紙上。老師抽選詞彙進行Bingo遊戲 (老師可巡查哪些字詞較受學生歡迎，以增加他們「答中」的機會，或選取難字/核心詞彙，學生則聆聽及核對答案)。當有學生Bingo時，中獎同學須展示工作紙，並朗讀字詞一遍。老師和學生須一同檢視答案。 (2)「大電視」玩法：學生分為兩組，輪流作賽，限時5分鐘。每題派一位代表，老師從精選的mLang詞彙卡中選出一張，代表則根據字卡做動作，其他組員猜想並以中文說出答案，老師展示mLang字卡，答對可得一分。得分較多組別獲勝。**老師計分之餘，須記錄學生不熟悉的字詞。**
5分鐘	7. 老師針對學生在遊戲中的表現，**解釋他們不熟悉的字詞。**
5分鐘	8. 老師總結本節所學。 **課業：學生根據老師的課堂回饋來修訂自己的mLang字卡，或加入課堂新學的字詞製作字卡，供老師查閱。**

圖12.3：學生能運用生活經驗及發揮創意，製作個人化的mLang字卡

圖12.4：學生從 mLang 選取字詞抄寫在Bingo
工作紙上，然後進行遊戲，無形中重溫字詞
數遍，鞏固了字詞學習

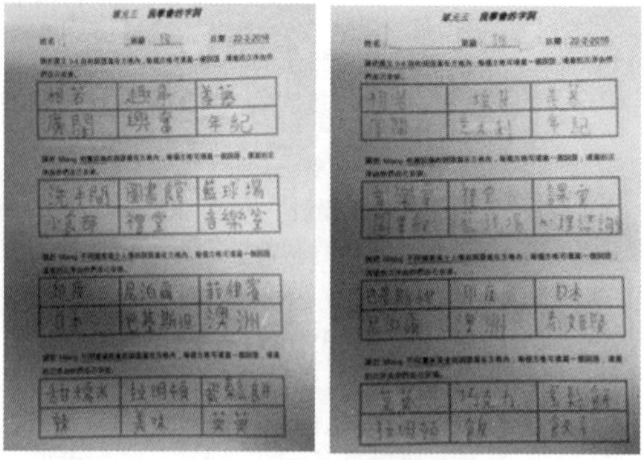

圖12.5：Bingo 遊戲紙舉隅

設計特點：此教學設計的重點是以有趣刺激的遊戲帶動學生學習字詞，Bingo 是結合自主性、運氣及小組互助的教學活動，能幫助提升學習動機和課堂的投入度，鞏固字詞學習。

5.2　示例二：小組協作學習，擴建學生的詞彙網絡及發展讀寫能力

表12.2：示例二教案

課堂背景	・實踐班級：中二級，學生能力較弱，多為新來港學生，識字量不足 ・教學主題：顏色 ・教學目標： 1) 學生能延伸學習課外字詞，按顏色分類，以製作及認讀mLang詞彙卡的字詞。 2) 學生能運用篇章中的句式造句。 3) 學生能運用說明文的文步結構，用mLang的字詞和句式寫作。
課時：2個教節（80分鐘）	
課前準備	1. 提問學生最喜歡的顏色。 2. 重溫課文《國旗的顏色》的內容。 3. 老師**派發字詞庫工作紙，把同學分成四人一組，每名學生負責一種顏色，要蒐集最少5件該顏色的物品。**
15分鐘	4. 老師要求學生報告自己蒐集的資料（主要擷取學生的心理詞彙，如學生不懂中文字詞，可用英文輔助）。 5. 老師板書物品的名稱。 6. **老師按情況補充黑板上的字詞，教授字詞的字形及字音。** 7. 請學生朗讀及重溫新學的字詞。
25分鐘	8. 派發平板電腦，要求學生分工合作，各組需於**15分鐘**內為所有黑板上的字詞製作**mLang字卡，最快完成的組別勝出。** 9. 師生檢視字卡並給予回饋，利用「教師精選」功能分享佳作。

表 12.2（續）

20分鐘	10. **字詞形、音、義配對遊戲：**
	玩法一：每組輪流於2分鐘內挑選5張字卡，**向全班展示字卡的圖片，其他同學舉手搶答並板書字詞**，每個答案得1分。
	玩法二：只播放字卡的中文錄音，全班學生舉手搶答，答題者說出字詞英文意思及競猜該字卡錄音的原創者，每個答案得1分。
	玩法三：全班於5分鐘內**檢視老師分享的字卡並查找錯處，再記錄於工作紙上**，然後分組輪流報告及指出正確答案，每個錯處2分。最後得分最多的組別勝出。
15分鐘	11. 老師和學生重溫課文句式：(1) ……象徵……、(2) 我最喜歡……，因為……；提問學生每段內容大意，歸納說明文「總—分—總」的文步結構。 12. 點名抽選學生運用句式口頭造句。
5分鐘	13. 老師總結本節所學及布置課業： 請學生**運用說明文類的文步結構及 mLang 詞彙，完成命題寫作《我喜歡的顏色》**。

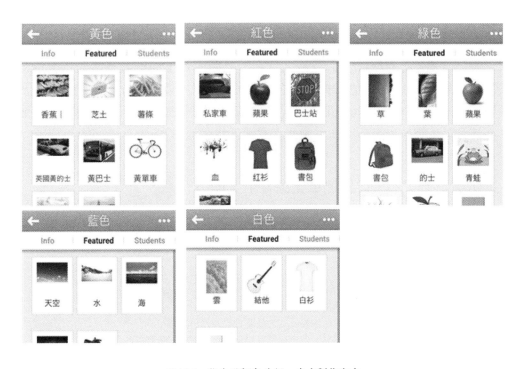

圖12.6：學生以顏色分組，合力製作字卡

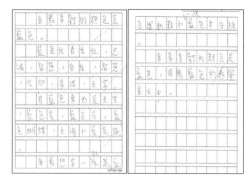

圖12.8：學生寫作課業示例

圖12.7：老師批改學生的課業後，利用分享功能讓全班檢視佳
作，過程中同儕互相協作學習，分工尋找圖片、寫字或錄音，
能力互補，照顧學習差異

設計特點：此教學設計的巧妙之處在於老師善用不同的教學活動以營造活潑的課堂氣氛，重用學生的學習成果作螺旋式教學，教導學生以句式連接全班共同建構的字詞，再串連句式來組成簡單篇章，由全班至小組再到個人循環遞進，其終點是讓學生發揮才能，創作富有個人特色的作文。

5.3　示例三：以mLang推展單元綜合中文能力

表12.3：示例三教案

課堂背景	·實踐班級：中二級，學生能力頗佳，能閱讀及寫作簡單篇章 ·學習主題：香港遊 ·單元教學目標： 1) 閱讀和理解本課文《香港遊》的內容和主題，並學習相關詞彙。 2) 能夠理解篇章內句式的意思及用法。 3) 能聆聽詞彙卡的內容，認識香港的旅遊景點及作出評鑑。 4) 能以生活經驗作為素材，並運用所學詞彙及句式，介紹最喜歡的景點。 5) 能應用所學詞彙、句式及描述性文類結構寫作。
課時：8個教節（320分鐘）	
課前準備	1. 老師承接之前的國際美食主題和活動，要求學生分組介紹不同國家的美食，交流飲食文化，帶入有關旅遊的新主題。全班選出四個國家，學生回家蒐集更多美食，並製作mLang詞彙卡作詳細介紹。
2教節	2. 老師教授篇章內容。 3. 以mLang鞏固字詞學習： 　　要求學生把文中的重點字詞（景點特色）製作成mLang詞彙卡，鼓勵學生為字詞配上有趣的圖片並於課堂上檢視重溫，令學生對字詞有深刻印象，鞏固所學。

表 12.3（續）

1教節	4. 教授句式:「…… 位於 ……」及「除了 …… ,還有 ……」 5. **學生製作mLang詞彙卡,介紹香港的旅遊景點:** 從課文延伸自學,學生搜尋圖片,製作mLang詞彙卡,全班一同了解本地不同的旅遊景點及其特色,以互聯網資訊填補生活經驗的不足。
2教節	6. 老師**以句子填充方式進行Bingo遊戲,重溫字詞及句式**,學生聆聽及核對答案。當有學生Bingo時,中獎同學須朗讀字詞一遍,全班檢視答案。 7. 老師提問課文重點,引導學生理解描述性文類的文步結構。 8. 學生**按照文步製作mLang幻燈片(slideshow),有系統地介紹我最喜愛的香港旅遊景點。**
2教節	9. **課堂活動——聆聽字卡:** 老師以聆聽練習模式讓學生聆聽同儕的mLang卡並完成工作紙,再進行同儕互評,學生在過程中須認真細閱/細聽,指出優點與不足。 10. **綜合本單元所學,寫作「我最想去的世界旅遊景點」:** 綜合本單元所學的詞彙、句式及文步,把焦點從香港的旅遊景點拓展至「我最想去的世界旅遊景點」,**利用mLang草擬自己的寫作大綱。**
1教節	11. 同儕互評,檢視同學作文,並**以互評工作紙選出最佳世界旅遊景點。** 12. 總結本單元所學。

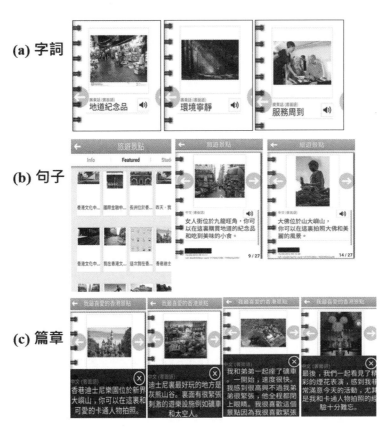

圖12.9:學生詞彙卡舉隅——(a)學生為重點字詞配上有趣的圖片,加深對字詞的印象;(b)學生缺乏生活經驗,對本地的旅遊景點不太熟悉,故利用資訊科技幫助學生認識香港的景點並製作成詞彙卡;(c)學生從mLang中選一個香港景點製作幻燈片,根據文步詳細介紹該景點

(1) 利用字卡作為聆聽材料

聆聽你的同學的製作的 Slideshow，回答下列問題。
1. 這是什麼景點？(1分)

2. 這個景點有甚麼特別？(4分)

3. 景點為甚麼吸引？(4分)

4. 誰和她一起去這個景點遊玩？(1分)

5. 他們在這個景點做了甚麼？(4分)

(2) 利用字卡輔助草擬寫作大綱

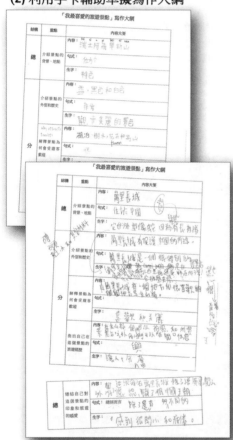

(3) 學生作文

（中文能力稍遜，學習中文只有兩年）

圖12.10：學生課業舉隅——(1)以學生製作的字卡作為聆聽材料，學生對內容感到興趣，會認真細聽，提出優點與不足，學習動機得到提升；(2)學生於課堂上檢視老師精選的mLang詞彙卡，閱讀同儕的優秀作品，草擬自己的寫作大綱；(3)學生的作文

設計特點：此教學設計汲取並優化前面兩個設計的特色，以學生成果作不同的教學活動，提升其綜合語文能力。因應學生的中文能力較高，故設計「進階式Bingo」活動，即以句子填充的形式增加遊戲的難度和變化，同時以資訊科技輔助填補生活經驗的不足，讓學生發揮創意，提供想像空間。

六、小結

本章透過以上的例子，使讀者更了解mLang教學法的理念及如何因應教學需要把它運用於實際課堂中。這套教學法主要是透過讓學習者共同開發學習內容，為教學提供有趣而又適切的教材，減輕老師的負擔，同時發揮移動科技的優勢，提升中文作為第二語言學生對中文聽說、識字、閱讀及寫作的學習動機、成效及其自學能力。不過移動科技只是教學方法，並不等於老師可被科技所取代。相反，老師在mLang教學法中擔當促進者的重要角色，由擬定學習專題，批改字卡提供反饋，到組織及監控課堂、照顧學生差異等，都是每個教學循環內不可或缺的部分。所以，老師在中文作為第二語言教學的路上仍然任重而道遠。

七、鳴謝

鳴謝優質教育基金以及語常會分別贊助「『動中文』智能詞彙卡——幫助非華語學生學習中文的教材和教學設計(2015–2017)」及「中學非華語學生的中文教與學支援計劃(2016–2018)」研究經費，使mLang教學法得以發展，同時亦感謝上述研究計劃的所有協作學校及老師和學生的參與。當中特別感謝香港管理專業協會李國寶中學及佛教筏可紀念中學提供上述教學設計的實驗場地，以及朱蓓妮老師、朱曉慧老師與研究團隊一同構思及實踐文中的教學設計，才能成就本章。作者還要感謝甘韻雯、伍凱盈、曾凡懿、蕭頌欣、巫家帆、莊繞蔓、劉彬嫻、莫仲明及黃人傑等協助mLang教學法的研發工作。最後，鳴謝m-Chinese Solution Ltd授權研究團隊及協作學校免費使用「動中文mLang」智能詞彙卡學習應用程式。

如欲了解更多有關mLang教學法的詳情及瀏覽示範短片與教學案例，請掃描以下二維碼登入相關網站：

圖 12.11: mLang教學法網站的二維碼

參考書目

辛嘉華 (2015)。《利用中文字詞學習應用程式學習：中文對提升香港非華語中學生中文識字能力的研究》。未出版碩士論文。香港：香港大學教育學院。

林偉業、張慧明、許守仁 (2013)。《飛越困難一起成功：教授非華語學生中文的良方》。香港：香港大學中文教育研究中心。

祁永華、岑紹基、叢鐵華 (2012)。《香港少數族裔學生學習中文的研究：理念、挑戰與實踐》。香港：香港大學出版社。

教育局 (2014)。《第二語言教學》。香港：香港特別行政區政府。下載於：https://www.edb.gov.hk/attachment/tc/curriculum-development/kla/chi-edu/second-lang/SLA_basic_concept.pdf

謝錫金 (2000)。《愉快學漢字》。香港：香港教育局。

謝錫金 (2001)。《高效漢字教與學》。香港：青田教育中心。

謝錫金、祁永華、岑紹基 (2014)。《非華語學生的中文學與教：課程、教材、教法與評估》。香港：香港大學出版社。

謝錫金、羅嘉怡 (2014)《怎樣教非華語幼兒有效學習中文》。北京：北京師範大學出版社。

羅嘉怡、謝錫金 (2012)。〈促進非華語幼兒漢字學習的校本課程設計初探〉。《漢字漢文教育》(韓國漢字漢文教育學會)，第28輯，頁171–195。

關之英 (2012)。〈中文作為第二語言：教學誤區與對應教學策略之探究〉。《中國語文通訊》，第91卷，第2期，頁61–82。

American Psychological Association (1997). *Learner-centered psychological principles: A framework for school reform and redesign*. Washington, DC: American Psychological Association. Retrieved from https://www.apa.org/ed/governance/bea/learner-centered.pdf.

Chan, T.-W., Roschelle, J., Hsi, S., Kinshuk, K., Sharples, M., & Brown, T., et al. (2006). One-to-one technology-enhanced learning: An opportunity for global research collaboration. *Research and Practice in Technology-Enhanced Learning*, *1*(1), 3–29.

Chinnery, G. M. (2006). Emerging technologies going to the MALL: Mobile assisted language learning. *Language Learning & Technology*, *10*(1), 9–16.

Chomsky, N. (1965). *Aspects of the theory of syntax*. Cambridge, MA: MIT Press

Donovan, S., Bransford, J., & Pellegrino, J. W. (1999). *How people learn: Bridging research and practice*. Washington, DC: National Academy of Sciences.

Goodman, K. (1967). Reading: A psycholinguistic guess game. *Journal of the Reading Specialist*, *5*, 126–135.

Krashen, S. (1985). *The input hypothesis: Issues and implications*. New York: Longman.

Krashen, S. (2011). *Free voluntary reading*. Santa Barbara, CA: Libraries Unlimited.

Krashen, S. (2013). *Second language acquisition: Theory, applications, and some conjectures*. Cambridge: Cambridge University Press.

McCombs, B. L., & Vakili, D. (2005). A learner-centered framework for e-learning. *Teachers College Record*, *107*(8), 1582–1600.

Prensky, M. (2001). Digital natives digital immigrants. *On the HoriZon*, *9*(5), 1–6.

Siemens, G. (2005). Connectivism: A learning theory for the digital age. *International Journal of Instructional Technology and Distance Learning*, *2*(1), 3–10.

第*13*章

資訊科技建構實境式學習提高多元文化素養：網上學生雜誌的個案研究

羅嘉怡、祁永華、譚宗穎

　　如何去滿足背景多元的少數族裔中學生的學習需要，實為教師的一大挑戰。本章通過個案研究，介紹如何使用資訊技術 (ICT) 給學生真實的網上學習環境，以培育他們的多元文化素養。研究人員借鑒實境式學習 (authentic learning)、ICT 輔助教學及可理解輸入 (comprehensible input) 理論，設計了名為《匯文子集》(*Cross-Cultural Learners' Magazine*，簡稱 CCLM) 的跨文化雜誌暨網上創作平台。學生就社會和文化問題以文字及多媒體形式創作，作品於《匯文子集》發表，通過社交媒體與讀者接觸。作品及後被改編為配合學生心智年齡和生活經驗的中文作為第二語言教材，供老師用作課堂教學。研究結果顯示《匯文子集》的全方位學習設計，有助提高學生在多元文化課堂的學習動機、文化意識及語言社會化。

　　關鍵詞：多元文化素養；資訊科技為本學習；社交媒體；第二語言習得；中文作為第二語言；實境式學習

一、引言

　　香港的少數族裔學生人數於過往幾年大幅增加。根據《2011年人口普查報告》(政府統計處，2012)，2006年的少數族裔學生人數為 23,444 人，2011年上升到 32,800 人。源於英國殖民時期的多元分歧社會 (plural society)，不同族群各以其傳統方式生活，許多少數族裔學生甚少與華人交往 (Kwan, 2012; Lam, Cheung,

Hui, 2014），並多以英文和/或族裔語言（heritage language）溝通，生活上甚少使用本地的通用語（*lingua franca*）——中文；本地華人對他們的所知亦甚少，容易造成不必要的誤解（Siu, Lai, Yiu, and Yip, 2015）。

本章以個案研究方式，嘗試運用資訊科技創設實境式學習（authentic learning）社群《匯文子集》（*Cross-Cultural Learners' Magazine*，簡稱CCLM），並介紹其目標和創作概念，詳細分析寫作任務示例，以説明它如何利用社交網絡平台，為中文二語學生建構實境式學習社群，提供真實的、使用目標語的機會，以發展他們的中文能力，並建立學生作者的身份。研究問題為：

資訊科技為本的實境式學習，能否（及如何）幫助少數族裔學生習得多元文化素養？

二、理論基礎

本部分概述資訊科技為本進行實境式學習的理論依據，討論其如何促進少數族裔學生學習中文二語，並從中習得多元文化素養。

2.1　針對第二語言學生的資訊科技為本實境式學習

現今很多學校都應用資訊科技輔助教學，既能促進學生與社會的互動，又能提高他們學習語言的能力（Chambers, Conacher, and Littlemore, 2004; Murray, 2005），學生們亦甚為喜愛（Wrzesien and Raya, 2010）。科技讓學生成為更獨立、更積極以及更活躍的語言學習者（Leloup and Ponterio, 2003），故在第二/外語學習中的應用愈見廣泛。

Crook（1994）提出的電腦輔助語言學習（computer assisted language learning, CALL），採用社會認知理論，用電腦將學生與電腦的單向互動，轉化為透過電腦與他人雙向互動，從而成為促進人類協作學習語言的工具（Kern and Warschauer, 2000）。它的最新趨勢乃在網絡空間製造實境學習機會，讓學生學會解決生活問題。Oliver（1999; 2001）、Oliver and Herrington（2001）指出應用CALL，必須包括給學生執行的任務（tasks）、所需要的資源（resources）並提供支援（support）。Parker, Maor, and Herrington（2013）進一步表明，通過使用ICT完成實況任務，好處是能從互聯網上取得教育資源，豐富主流課程的覆蓋面，改善一般課堂學習的缺點。

2.2　多元文化素養與語言社會化

　　Hirsch（1987）提出「文化素養」（cultural literacy）的概念，意思是理解及參與特定文化的能力；多元文化素養（multicultural literacy）則更有所超越，指多元文化社區中互相理解、參與和尊重的能力（Miller and McCaskill, 1993）。香港屬多元文化社會，實有必要培育學生的多元文化素養，務求為中文二語教室創造條件，讓他們在學習中文這通用語的情況下，同時加強族群之間的有效溝通。

　　語言學習包括語言和社會文化知識兩部分。研究顯示語言所蘊含的社會及文化知識，能提供更多、更廣泛的學習機會。這學習過程稱為語言社會化（language socialization），意思是通過社會互動獲取「語言、語用和其他文化知識」，以發展「文化及溝通能力」（cultural and communicative competence）（Duff, 2010）；學生使用目標語（target language）探索、溝通與互動，過程中認識如何能按照社會規範使用目標語，並發揮自身的語言功能。

2.3　社會網絡與可理解輸入

　　隨着資訊科技的發展，社交媒體和網絡遊戲受到社會上各年齡層人士的廣泛歡迎。人們使用社交媒體上載消息、圖片和影片，分享他們的想法等。由於大多數學生都擁有智能手機、電腦和平板電腦，他們可通過社交媒體與朋友持續互動，社交網絡已經成為「表達、互動和社區建設」的一種形式（Chartrand, 2012），使互聯網成為語言學習的關鍵元素。

　　Duke University（2005）指出科技是有效的語言教學工具，因為它既能符合不同學生的學習風格和需求，又能同時提供與現實世界相關的學習經歷，創造積極、支持且開放的學習環境。通過網絡，學生能與那些使用目標語為母語的人士頻繁互動，並從對方身上獲得持續的同儕支援（Bedmar and Paredes, 2012），例如在社交媒體上交談。第一和第二語言學生之間的持續溝通與互動，可有效促進雙方的語言學習。

　　Krashen（1981）的輸入假說（input hypothesis）提出了可理解的輸入；他的情感過濾假說（affective filter hypothesis）指出學生在沒有尷尬或恐懼的環境中學習，效果會更好。Cummins（2001）提出的學術語言學習框架，也強調輸入理解的重要性。研究普遍認為社交媒體為語言的學與教提供了有用的工具，因為它能吸引和激勵學生使用目標語（Beauvois, 1998; Gilbert, Fiske, and Lindzey, 1998），並能減輕他們對語言的恐懼和焦慮。老師和學生均可參與社交媒體，製造協作學習的環境和互動交流機會（Harrison and Thomas, 2009），能促進第二語言學生「社區參與及身份建構」（Reinhardt and Zander, 2011），因為它的本質就是

線上社交網絡。Toohey（1998）的觀點與Krashen的假說一致，認為第二語言學習者如果感覺像「局外人」或「語言的非正統使用者」，可能會失去學習語言的動機。

　　就香港的情況而言，由於語言和文化差異，中文老師和華裔學生與少數族裔學生溝通可能會遇到困難（岑紹基、張燕華、張群英、祁永華、吳秀麗，2012），格格不入的感覺有可能引發少數族裔學生的身份危機，覺得受歧視或被社會疏遠。為促進彼此的了解，提高少數族裔學生的學習效果，老師需為他們提供適當的學習機會，鼓勵他們與不同族裔的學生互動和表達自己，特別是以他們的目標語中文作為溝通媒介，從而實現更佳的社會融合。

　　有鑑於此，老師可利用社會網絡將不同種族的學生結成社群，讓他們在社群內自由地學習與交流（Lave and Wenger, 1991）。這種社區參與和身份建構的經驗，有助減低少數族裔學生與本地社區的自主分離，幫助他們融入東道主社會（host society），建立「少數族裔」和「香港人」的雙重身份。

三、《匯文子集》計劃的內容

3.1　目的

　　本章作者之一於2012–2013學年推出《匯文子集》（以下簡稱CCLM）[1]，乃一本以WordPress博客形式出版的學生雜誌，屬「跨文化獨立調查研究獎勵計劃」（Cross-Cultural Independent Enquiry Study Award Scheme）的一部分。本章集中討論其2013–2015年間的設置。

　　CCLM有兩個目標：(1) 創建一個開放存取（open access）的跨文化線上學習平台；(2) 促進香港少數族裔與華裔學生之間的了解。CCLM學習社群由本研究團隊營運，並與協作學校教授少數族裔學生的中文老師合作，鼓勵他們的學生投稿到本雜誌。

　　CCLM接納不同語言和體裁的作品，把文化背景各異的學生集結起來，其中包括不同主題的創意寫作（例如詩歌、翻譯）、藝術作品（例如繪畫、攝影）、多媒體製作（例如影片、動畫，見圖13.1），以展示他們的才華，分享他們的文化、習俗、思想及生活經驗。學生和老師均可免費創建自己的帳戶，成為雜誌的訂閱者，並對彼此的作品提出意見和評論。CCLM還有一個官方Facebook頁面，定期向參與本計劃的老師和學生發布雜誌的最新動態與消息，這些帖子亦將讀者從Facebook直接導入CCLM的WordPress網站。研究團隊每次收到來稿，

1.　http://usp.cacler.hku.hk/wordpress/ 此連結現正進行修復，暫不公開使用。

圖13.1：學生作品一例（多媒體作品）

會作簡單修訂再發布到CCLM平台；每位投稿學生都獲發一張參與證書，以茲獎勵。

3.2　設計

　　CCLM的設計和運作，受益於網上文化知識的共享（online cultural knowledge），提供有趣可靠的跨文化交流和語言學習機會，以及更佳的互動及溝通平台（Harrison and Thomas, 2009）；學生透過合作，接收各方協助及資訊，在真實情境中學會使用目標語言（situational responsive language use）（Chartrand, 2012; Shi, 2007; Thorne, 2010）。

　　學生閱讀CCLM出版的中、英文作品，可獲得大量可理解、符合心智年齡以及與生活經驗相關的內容，將他們置於實境式的學習環境，以作者、讀者和文化大使身份，與同儕進行線上互動，促進他們與華裔學生在社會信念、價值觀及文化方面的溝通，從而促成語言社會化（Ochs, 2002）。由於作品可以出版，讓他們建立起自信，增強了寫作的動機，自由地體驗與人交流意見，並透過對廣大社群發言及作出貢獻而得到賦權。與此同時，老師亦受益於學生虛擬社會化環境下所成就的語言發展。CCLM計劃不僅讓學生通過線上閱讀和寫作習得多元文化素養，老師更可利用學生作品進行課堂教學，特別是中文作為第二語

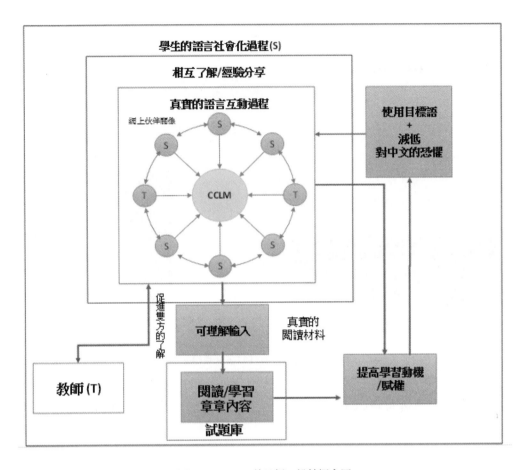

圖 13.2：CCLM 的目標、設計概念圖

言教學。他們同時可以申請使用以 CCLM 文章為基礎改編的試題庫，使用對應
GCSE 程度的考題，以製作校本或班本的中文評估工具（見圖 13.2）。

　　CCLM 的作者大多為協作學校的少數族裔學生，因此老師鼓勵他們使用中
文創作和投稿。學生們曾分享的主題包括飲食、文化差異、節日、家庭、體育
和教育等主題，內容包括分享個人經歷、故事和想法，並以文字或多媒體方式
呈現。老師鼓勵他們閱讀後提交網上評論，積極回應這些作品，以促成網上網
下的交流互動。

　　老師根據學生的學習目標去設計寫作和閱讀「任務」，而在網絡上發布的文
字作品成為真實的「任務資源」，研究團隊則提供編輯等「任務支援」；這些作品
都是真實的材料，開放作教育用途，為少數族裔學生提供程度合適而豐富的中
文「資源」。作者在受保護的環境下閱讀讀者的反饋，因為所有投稿和帖子都已
通過審查，適合開放予第三方社群成員瀏覽。

　　研究團隊會進一步運用這些真實而寶貴的作品，方法是根據香港教育局公布的《中國語文課程補充指引（非華語學生）》（香港課程發展議會，2008）和「第二語言學習框架」（課程發展處，2014），再參照GCSE的考試範圍和題型，改編成閱讀理解評估工具和練習，並加以分類，方便老師搜尋；還有，於2013–2014學年建立網上試題庫，老師經註冊後可自由下載使用。老師的反應非常正面，鼓勵了他們採用以Krashen第二語言習得（相關假説及語言社會化理論）為基礎的典範實務（good practices）（「資源支援」）。事實上，老師在鼓勵少數族裔學生參與此計劃時發揮了關鍵作用，他們既是導師又是讀者，積極為少數族裔學生作者提供語言、文化和心理支持，改善了現實生活中的任務使用（「支援」）（見圖13.3）。

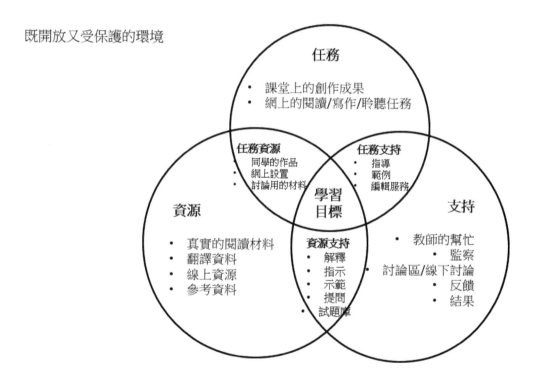

圖13.3：CCLM的學習設計框架（參Herrington et al.〔2010〕的擴展實境式學習設計）

3.3　CCLM作品舉隅

　　《國慶》這篇文章是中三學生Sukpreet所作，描述中華人民共和國國慶假日（10月1日），並記載了作者日常生活的片段。第一段，Sukpreet描述了她的國慶假期——她可以比平常晚起床，當天亦沒有任何具體的計劃，還有當她在電視

國慶

　　中國國慶那天，我不用上學，因為那天是假期，我就被之前遲些起床。雖然那天沒有什麼特別活動，但是當我開電視的時候，見到中國人在升旗時，令我想起我的國家的國慶日！我的國家的國慶日是在八月十五日的，我從媽媽聽過很多關於印度發生了的慘劇，有時我聽到後感動得哭了起來！

　　媽媽說當時有很多戰爭，所以人們害怕出街的，他們每天會留在家裡拜神這場戰爭很快結束。他們心裡每天都有一線希望，但是如果我在他們那樣的情況，我已經會放棄了的。但是他們就很堅強。在印度的國慶日裡，每個人都會唱國歌和一分鐘安靜給那些為了救我們的英雄！

　　其實我覺得不只印度為那天慶祝的，因為每個國家都一樣。香港和中國都為那天開心的！所以我們應該尊重我們我國家。

圖 13.4：CCLM 發表的身份文本一例：Sukpreet 的中文作品《國慶》

上看到升旗儀式時，想起自己祖國印度的國慶。Sukpreet 指出印度的國慶日為 8 月 15 日，她顯然將自己定位為「印度人」，這也是居港印度裔學生中常見的身份認同。

　　作者在文中闡述了令她「感動得哭了起來」的事件，包括母親告知有關印度國慶的悲劇，以及印度人昔日如何努力爭取獨立與和平。她對印度同胞的勇敢表示讚賞，並聲言如果換作是她，她會放棄。她同時介紹了很多印度人慶祝國慶的習俗（例如：唱國歌、為英雄們默哀一分鐘）。最後一段，她提出每個地區和國家都應在 8 月 15 日為印度感到高興，而每個人都應該尊重自己的國家。

　　Sukpreet 通過她在香港（即東道主社會）所享有的公眾假期，與她心目中的祖國連結起來，以少數族裔學生的身份，講述如何從母親處得知祖國的歷史，繼而對自己流徙在外而感懷不已。儘管她的中文寫作能力有限，但她積極與不同族裔學生分享其故事及感受，說明她是如何將自己認定同為東道主社會（通過觀看本地新聞，反思東道主文化的重要日子）與祖國（身為印度人、記掛印度獨立的英雄）一員的雙重身份認同。

四、評估

4.1 評估方法

　　研究團隊採用問卷調查和半結構式訪談，評估了CCLM的有效性。共有52名參與學校的老師交回問卷（2013–2014學年28名，2014–2015學年24名），23名學生及9名老師同意參加個人或焦點小組半結構式訪談。

4.2 實施情況

　　CCLM從2012–2013學年第二學期開始接受投稿，至2014–2015學年累計作品數量為107項，包括103項創意作品、4個多媒體製作。環繞六個主題，包括家庭與社區、香港與我、文化風俗、學校、都市、故鄉故事。改編自學生作品的GCSE程度題目累計為449套，迄今共有84名老師登記使用網上試題庫。

　　2013–2014及2014–2015兩個學年，以CCLM作品為基礎的試題庫學習社群，所獲「總體滿意度」評級分別為3.71和3.25（滿分4分），個人評級「與工作相關性」、「實用性」分別為3.89及3.75。96%的參與老師表示會在短期或近期內，利用試題庫來協助其中文二語教學。

　　研究團隊對參與CCLM師生訪談所採得之質性數據進行分析，總結出他們對於透過此計劃以及ICT進行實境式學習和多元文化素養習得的見解，調查結果見第4.3節。為保護個人私隱，受訪者皆以假名代表。

4.3 ICT為本學習

　　受訪的少數族裔學生都有使用互聯網的習慣，目的主要為跟友人和親戚交際及溝通，因為他們及其所有朋友至少擁有一個最受歡迎的網絡/移動平台的帳戶。他們使用互聯網是因為能夠隨時隨地交換信息和想法（受訪學生J），而大部分時間都在使用移動即時通訊、Facebook和YouTube。學生們認為使用ICT有利有弊：好處是可以獲得即時訊息（例如新聞）、參與網上活動、與朋友互動；缺點是花很多時間逛網和聊天，令學習分心。其中一位受訪學生M指出無線網絡的覆蓋率，決定了ICT在日常生活中的可用性，財政狀況也影響他們使用ICT的習慣。

　　不過，所有受訪學生都認為ICT為本的教學設計，優於傳統的中文二語課本和課堂。他們全體同意網上平台能鼓勵他們用中文表達自己，也更喜歡

CCLM讓他們選擇用英文發聲。學生A表示「我們可以決定是否選取這個（在CCLM發表的）機會」，以成為「有動機或有興趣用中文表達自己的人」。

　　老師訪談的結果與學生的意見相若。他們認為使用ICT輔助中文二語教與學，乃支持少數族裔學生學習中文和賦權的有效途徑。C老師表示CCLM作為一本網上雜誌「容易瀏覽和分享」；除了學習文化外，學生還有機會閱讀和撰寫中文文章。A老師認為CCLM計劃能促進個人成長，原因是科技是一種流行的、也是學生喜歡的交流方式，有助提升他們的才能和創造力的好方法，因此她「鼓勵他們（她的學生）善於利用它，特別是學習方面」。C老師指出學生們的投稿被刊登出來，並獲大學授予參與證書，對他們是極大的鼓勵，令他們變得更加自信，立志撰寫更多中文文章。

4.4　實境式學習和多元文化素養

　　所有受訪老師都認同CCLM提供的實境式學習經驗，認為在促進學生習得多元文化素養有良好的效果，原因是學生能通過直接（網上回饋）和間接（閱讀CCLM）互動，促進他們對不同語言、族裔和文化背景師生的認識。

　　A老師認為CCLM本身就是一個學習社群，它為學生們提供

　　很好的機會……在公開場合表達自己，並且能夠獲得新的體驗，得以接觸不同文化。

　　參與的老師還發現CCLM能幫助他們了解學生，因為它「讓所有人分享故事，（它是）學習不同文化和語言的共同平台」。D老師指出少數族裔學生創作的真實材料因課堂協作增加而愈見豐厚，老師與學生之間的距離因而縮小；通過設計GCSE程度的試題庫（使學生的作品）得到進一步優化。C老師表示培養學生的多元文化素養相當重要，因為

　　CCLM讓學生有機會表達自己的想法，使得學生之間互相尊重不同聲音，特別是尊重不同文化。

　　老師E和老師F一致認為CCLM是一個很好的網上創作平台，少數族裔學生能通過這個平台，在全球化時代下發展出對東道主社會的歸屬感，並找到自己的身份認同。

　　向CCLM投稿的少數族裔學生，也就實施效果提出正面反饋。他們指出此計劃能促進文化交流、增強他們學習中文的信心。學生A表示投稿到真實的網上學生雜誌，對她來說是一種新體驗，「我很榮幸能在網上發表我的作品，並在那兒（CCLM）看到自己的作品。」另一位作者學生B也認為CCLM為少數族裔學

生提供很好的機會，讓他們可以在一個「對我們真正感興趣，願意停下來聽聽看看的人」的平台分享感受。接受訪問的學生均聲稱他們的家人都因為他們的作品給刊出而感到相當高興和自豪。

另一所學校的學生C稱：

> 我們真的沒機會和本地華人講話，就像我們對他們的文化不認識一樣，也許他們害怕在我們面前表達……透過CCLM我們可以得知並理解他們的觀點，他們也可以讀到我們的想法，讓彼此多了解對方。

同校的學生B也曾投稿到CCLM，她同意此平台

> 會帶領他們（華人）以不同的角度、更開闊的方式思考，否則他們只會在一個我認為太主觀的角度思考。我們需要更寬廣的心態，以了解各種不同的文化。

學生G更明言多元文化素養很重要，因為香港是

> 一個國際都市……我們在學校學到這些的話，對於今後在香港工作就簡單得多了。

K老師說根據她的觀察，CCLM對高年班學生的幫助尤大。

不過，受訪老師指出CCLM的範圍和目標讀者的局限。例如老師A稱

> 最重要是在學生之間推廣，並邀請不同年齡組別人士，如大學生、家長和老師，分享他們的想法。

這些局限性可望在CCLM最新修訂版得到解決。

五、討論暨未來發展

全球化使得不同民族、語言和文化的學生在同一個課室學習，這情況愈見普遍。為了對少數族裔學生提供更好的支援，創設開放交流的機會，培育學生們的多元文化素養至關重要。隨着香港主流學校少數族裔學生人數大幅增加，中文老師和華裔學生面臨文化和學術多樣化的衝擊與挑戰。倘若要迎合少數族裔學生的學習風格和需求，則必須對他們的文化背景和生活經驗多加了解，才能有利各方和諧共處。另外，為解決少數族裔學生日常生活接觸中文機會不足的問題，讓他們多參與社會並使用中文溝通，實在非常迫切。

CCLM運用嶄新科技，為中文二語學習和跨文化溝通創造了真實的學習環境，訓練學生在現實生活中運用網上學習資源學習中文，完成任務（Parker et al.,

2013)。使用網上社交網絡，強化了中文二語學生積極參與協作學習，給他們機會與華裔同儕以至公眾 (Harrison and Thomas, 2009) 互動溝通，進一步促進語言學習 (Toohey, 1998) 和相互理解。

通過獎勵計劃，學生們在中文老師的支持下創作、投稿，例如有助身份認同的文章 (identity text) (Cummins and Early, 2011)，並在網上發表。這就是C老師和D老師所提到CCLM帶來的積極強化作用——參與證書，讓少數族裔學生得到激勵，並擔當真實的網上雜誌作者及文化大使的角色，在課堂內外，實境學習中文及相關文化。

除了經由互聯網發表作品外，學生的文章亦被改編為閱讀理解評估工具和練習。老師能夠利用這些符合學生心智年齡與生活經驗的真實材料輔助課程發展，使之成為教學資源。CCLM促使少數族裔與華裔學生通過寫作分享自己的想法，並閱讀他人的作品，進行更有效和頻繁的溝通 (Kern and Warschauer, 2000)。

事實證明資訊科技能促進學生更積極地學習第二語言，使他們更獨立自主地學習。通過創設學生喜歡完成的任務、提供適合的學習資源 (即CCLM內容) 與支援 (學習中文方面及編輯方面的支援)，有利學生參與和完成任務，為他們創造既獨立自主，又能互相支持的學習平台，而老師在過程中則擔當推動者，進一步支援學生的語言學習 (Oliver, 1999, 2001; Oliver and Herrington, 2001)。此外，通過創建協作式課堂實境學習環境，老師與少數族裔學生之間的距離得以縮小 (Crook，引用於 Kern and Warschauer, 2000)。

CCLM根據最新的網上出版和社交網絡趨勢進行改進和修訂，包括使用社交媒體 (如Instagram) 和最新技術 (如採用專業網絡出版平台 issuu，模仿讀者實際翻書動作，以高質量、方便打印、可下載並具有詞彙解釋的PDF檔案，重現電子版雜誌期刊)。

過去的研究證明科技能為學生，特別是第二語言學生提供實境式學習環境，它可以讓老師創造出有趣和具吸引力的學習環境，增潤學習內容，拓潤學習領域和知識層面，發展學生解決問題的能力，促進個人成長 (Moqbel and Rao, 2013)。至於ICT如何能持續發揮其對第二語言教學的貢獻，特別是在多元文化素養這新興區塊，還有待進一步探索。

鳴謝

研究團隊衷心感謝參加《匯文子集》項目的校長、老師和學生，以及負責試題庫設置的何劍翹博士、關之英博士。此外，特別鳴謝以下人士對《匯文子集》

項目的不懈支持：謝錫金教授、岑紹基博士、戴忠沛博士、潘溫文老師、梁李潔芳老師、劉國張博士、徐詩琪老師、劉珮慈老師、廖劍雲老師、劉仲池先生、吳柏基先生、莎蓮娜（Shanila Kosar）小姐、劉韻娜（Iruna Rana）小姐、梁迭起老師、伍諾熙先生、馮苗馨小姐、梁肇珀先生。

參考書目

政府統計處（2012）。《2011年人口普查報告》。香港：香港特別行政區政府。

岑紹基、張燕華、張群英、祁永華、吳秀麗（2012）。〈香港少數族裔學生學習中文的困難〉。載於叢鐵華、岑紹基、祁永華、張群英（編著）：《香港少數族裔學生學習中文的研究》，頁53–75。香港：香港大學出版社。

課程發展處（2014）。《中國語文課程第二語言學習架構》。香港：香港特別行政區政府教育局。

香港課程發展議會（2008）。《中國語文課程補充指引（非華語學生）》。香港：香港特別行政區政府。

Beauvois, M. H. (1998). Conversations in slow motion: Computer-mediated communication in the foreign language classroom. *Canadian Modern Language Review/La Revue Canadienne Des Langues Vivantes*, *54*, 198–217.

Bedmar, M. B. D., & Paredes, P. P. (2012). The types and effects of peer native speakers' feedback on CMC. *Language Learning and Technology*, *16*(1), 62–90.

Chambers, A., Conacher, J. E., & Littlemore, J. (2004). *ICT and language learning: Integrating pedagogy and practice*. Birmingham, UK: University of Birmingham Press.

Chan, J. K. Y. (2012). Perspectives of teachers on the implementation of inclusive education for ethnic minority students in Hong Kong. *Public Administration and Policy: A Hong Kong & Asia-Pacific Journal*, *15*(2), 32–48.

Chartrand, R. (2012). Social networking for language learners: Creating meaningful output with web 2.0 tools. *Knowledge Management & E-Learning: An International Journal*, *4*(1), 97–101.

Crook, C. K. (1994). *Computers and the collaborative experience of learning*. London: Routledge.

Cummins, J. (2001). *Negotiating identities: Education for empowerment in a diverse society*. Los Angeles: California Association for Bilingual Education.

Cummins, J., & Early, M. (2011). *Identity texts: The collaborative creation of power in multilingual schools*. London: Institute of Education Press.

Duke University. (2005). *Duke digital initiative* [Online]. Durham, NC: Office of Information Technology, Duke University. Available from: http://www.duke.edu/ddi/ [Accessed January 22, 2017].

Duff, P. A. (2010). Language socialization. In S. McKay & N. H. Hornberger (Eds.), *Sociolinguistics and language education* (pp. 427–455). Clevedon, UK: Multilingual Matters.

Gilbert, D. T., Fiske, S. T., & Lindzey, G. (Eds.) (1998). *The handbook of social psychology* (4th ed.). New York: Oxford University Press.

Harrison, R., & Thomas, M. (2009). Identity in online communities: Social networking sites and language learning. *International Journal of Emerging Technologies & Society*, *7*(2), 109–124.

Herrington, J., Reeves, T. C., & Oliver, R. (2010). *A guide to authentic e-learning*. London: Routledge.

Hirsch, E. D., Jr. (1987). *Cultural literacy: What every American needs to know*. Boston: Houghton Mifflin.

Hong Kong Census and Statistics Department. (2012). *2011 HK population census*. Hong Kong: HKSAR Government.

Kern, R., & Warschauer, M. (2000). Theory and practice of network-based language teaching. In M. Warschauer & R. Kern (Eds.), *Network-based language teaching: concepts and practice* (pp. 1–19). Cambridge: Cambridge University Press.

Krashen, S. (1981). *Second language acquisition and second language learning*. Oxford: Pergamon.

Kwan, C. Y. (2012). Chinese as a second language: Misconceptions in teaching and homologous teaching strategies. *Newsletter of Chinese Language*, *91*(2), 61–82. (In Chinese)

Lam, J. W. I., Cheung, W. M., & Hui, S. Y. (2014). *Overcoming difficulties for mutual success: Good practices for teaching Chinese to non-Chinese speaking students*. Hong Kong: CACLER, Faculty of Education, The University of Hong Kong. (In Chinese)

Lave, J., & Wenger, E. (1991). *Situated learning: Legitimate peripheral participation*. New York: Cambridge University Press.

Leloup, J. W., & Ponterio, R. (2003). *Second language acquisition and technology: A review of the research*. Available from: http://www.academia.edu/4685832/Second_Language_Acquisition_and_Technology_A_Review_of_the_Research_Conceptual_Framework [Accessed January 22, 2017].

Miller, S., & McCaskill, B. (Eds.). (1993). *Multicultural literature and literacies: Making space for difference*. Albany, NY: State University of New York Press.

Moqbel, M. S. S., & Rao, P. D. L. V. (2013). Enhancing EFL teaching and learning through technology. *International Journal of Social Science Tomorrow*, 2(2), 54–59.

Murray, D. E. (2005), Technologies for second language literacy. *Annual Review of Applied Linguistics*, *25* (Mar 2005), 188–201.

Ochs, E. (2002). Becoming a speaker of culture. In C. Kramsch (Ed.), *Language acquisition and language socialization* (pp. 99–120). London, UK: Continuum.

Oliver, R. (1999). Exploring learning strategies for on-line teaching and learning. *Distance Learning*, *20*(2), 240–254.

Oliver, R. (2001). Seeking best practice in online learning: Flexible learning toolboxes in the Australian VET sector. *Australian Journal of Educational Technology*, *17*(2), 204–222.

Oliver, R., & Herrington, J. (2001). *Teaching and learning online: A beginner's guide to e-learning and e-teaching in higher education*. Perth, Western Australia: Edith Cowan University.

Parker, J., Maor, D., & Herrington, J. (2013). Authentic online learning: Aligning learner needs, pedagogy and technology. *Issues in Educational Research*, *23*(2), 227–241.

Reinhardt, J. & Zander, V. (2011). Social networking in an intensive English program classroom: A language socialization perspective. *Calico Journal*, *28*(2), 326–344.

Shi, X. (2007). Intercultural language socialization: Theory and methodology. *Intercultural Communication Studies*. XVI. Available from: http://www.uri.edu/iaics/content/2007v16n1/22%20Xingsong%20Shi.pdf [Accessed January 22, 2017].

Siu, Y. L., Lai, Y., Yiu, Y. Y., & Yip, Y. H. (2015). *A report on the employment of ethnic minorities in different sectors in Hong Kong*. Hong Kong: Chinese YMCA of Hong Kong. (In Chinese)

Thorne, S. L. (2010). The "intercultural turn" and language learning in the crucible of new media. In F. Helm & S. Guth (Eds.), *Telecollaboration 2.0 for language and intercultural learning* (pp. 139–164). Bern: Peter Lang.

Toohey, K. (1998). Breaking them up, taking them away: Constructing ESL students in Grade One. *TESOL Quarterly*, *32*, 61–84.

Wrzesien, M., & Raya, M. (2010). Learning in serious virtual worlds: Evaluation of learning effectiveness and appeal to students in the E-Junior Project. *Computers & Education*, *55*(1), 178–187.

第四部分：

香港少數族裔學生中文學習的評估

第*14*章

促進非華語學生學習的評估：理論與實踐

羅嘉怡、謝錫金

　　評估在教學過程中扮演重要的角色。老師需要有良好的評估素養，方能全面檢測學生的學習表現，診斷學習需要，然後調適課程和學與教的過程，並給他們多樣化的學習方法，以解決學習困難。

　　總結性評估亦即對學習的評估，是在特定時間，評核學生在特定學習範圍內的學習成果。進展性評估與促進學習的評估相輔相成，是學與教的一部分；老師要對學生的學習作持續不斷的觀察和評估，用以調適課程和學與教的內容。作為學習的評估，是學生在老師的指導下，懂得定期檢視自己的學習表現，認清強弱項，並能運用後設認知策略解決學習難點，最終成為自主學習者，為自己的學習負責。

　　本章嘗試從理論角度探討評估的目的、種類和作用，討論如何有效運用評估數據以促進學與教，並以非華語學生的中文學習為例，提出實踐建議。

　　關鍵詞：評估素養；進展性和總結性評估；對學習的評估；促進學習的評估；作為學習的評估

一、前言

　　教育的關鍵是提起學生的學習興趣，並從意義中學習；然而，學生還要了解自己的表現，分析學習的困難並學會解難的方法，這才算真正有意義的學習。故此，有效學習是一個持續的解釋與理解過程（Broudy, 1988; Säljö, 1979），學生只有對學科知識有深入和透徹的理解，才能進入深層記憶並轉化為能力，達到深層學習（deep learning）（Entwistle and Entwistle, 1991; Entwistle and Ramsden,

1983; Marton, Hounsell, and Entwistle, 1984)，並能遷移到其他情境。至於在學習上所犯的錯誤 (errors)，要通過老師清晰講解錯誤的原因，提供正確答案，學生才能避免犯相同的錯誤。

然而，學生要學習的內容多而時間有限。於是，Marton et al. (1984) 提出「策略性學習」(strategic learning) 概念，建議適時和適當地運用評估工具收集數據，從而決定如何調適學習的內容、要求、進程等，並挑選具針對性的教學策略和學習活動，以促進學與教的水平。這正是「促進學習的評估」(assessment for learning) 概念的先驅。

面對複雜多變的學習環境，以及不同文化背景和能力的學生，老師更需要有優質的評估工具以監察和診斷學生的學習狀況。而設計課程、規劃學與教、評估學生表現、根據評估數據修訂課程和學與教的內容，是一個循環不息的過程。由此看來，評估有其重要性和必要性。本章嘗試從理論角度探討評估的目的、種類和作用，並以非華語學生的中文學與教為例，提出如何運用評估數據以促進學與教的效能。

二、評估的目的和類型

香港課程發展議會 (2017) 最新發表的《中國語文教育學習領域課程指引 (小一至中六)》指出：

> 教師的角色包括課程設計、傳授知識、促進學習、提供資訊、輔導學生、
> 評估及回饋學生表現等 (頁 iv)

其中學與教的指導原則包括「以學生為主角，促進自主學習」、「照顧學習的多樣性」等 (頁 iv)。上述任務都需要老師擁有良好的「評估素養」(assessment literacy)。所謂評估素養，是指老師有能力運用評估數據，檢視學與教的不足，在課程上作出改變 (Stiggins, 1991)。

一般來説，評估可以分為兩種性質：「總結性評估」(summative assessment) 和「進展性評估」(formative assessment)。

2.1 總結性評估

「總結性評估」是指在特定時間內評核學生在指定學習範圍內的學習成果，結果以分數形式顯示。例如統一測驗 (uniformed test)、期末考試，或地區性統一評估；「全港性系統評估」就是針對基礎教育第一至三學習階段 (即分別是小三、小六和中三) 的學生，全面檢視他們在中英數三個核心科目的水平。從 2014

年開始，除非學校向香港考試及評核局提出豁免申請，否則所有非華語學生同樣需要應考「全港性系統評估」。

　　一些接受教育局提供特別津貼，以支援非華語學生中文學習的學校，更需使用「為非華語學生而設的校內評估工具」（課程發展處，2010；以下簡稱「校內評估工具」），並向教育局提供數據和學生答卷樣本，以便評核和監察他們的中文能力發展。

　　至於大學與學校合作進行的非華語學生中文學習校本支援計劃，計劃開始前研究團隊設計難度合適的聽說讀寫評估項目，評量學生學習前的水平。經過一個學年的研究和校本支援後，再用相同的試卷評估他們的中文能力，通過比較兩次評估的數據，例如計算增值率（effect size）等，從而得出支援成效。

　　這些總結性評估，都是為了量度較長時間的教學後，學生的學習進展是否符合預期。

2.2　進展性評估

　　「進展性評估」是學與教的一部分，是對學生的學習表現作持續不斷的監控，數據用以調適課程和教學內容、進度、策略與課堂組織。老師若能定期跟學生一起分析這些數據，有助他們了解學習進展和強弱項，修訂學習目標；老師亦應提供解決學習困難的方法（謝錫金、張張慧儀、羅嘉怡、呂慧蓮，2008；Jewitt, 2003）。

　　進展性評估能幫助老師確保學與教的方向與課程目標一致，進度符合預期，而學習上落後了的學生亦得到照顧。如果我們無法及早發現學生的學習困難並施加援手，他們的學習差距只會愈來愈嚴重；這稱為「馬太效應」（Matthew Effect），即「貧者愈貧，富者愈富」（Merton, 1968）。因此，提高老師的評估素養實有其重要性。

　　進展性評估的方式眾多，包括課堂觀察、不同層次的提問、小組討論、工作紙、小練筆寫作、課堂學習活動、學習歷程檔案（learning portfolio）等（祝新華，2014；謝錫金、羅嘉怡，2014a; Garrison and Ehringhaus, 2007），目的均是希望給學生提供反饋（feedback），以改善和推進學習（Sadler, 1998），並讓學生為自己的學習負責（Bereiter and Scardamalia, 1989）。

　　實施進展性評估的重點是：(1) 教、學、評緊密連繫：找出學生的學習難點，決定下一個教學重點和教學步驟，並給學生練習機會，克服困難，然後再做進展性評估，核實成效；(2) 學生積極參與評估過程：老師給學生自評、互評的機會，以學會反饋和評鑑自己及其他同學的表現；老師或師生共同釐訂評核標準，應用時給學生適當的引導。由於學生能參與評估，有助加強評估結果的

認受性，提升學習動機；(3) 提供優質的回饋：老師要明確指出學生的強弱項，回饋內容要連繫課堂學習經驗，明示如何改善學習，並提供學習策略和建議 (Garrison and Ehringhaus, 2007)。這種自我監控、調節學習目標和策略的能力，正是培養學生自主學習的重要基礎 (Crick, 2007; Pintrich and Zusho, 2002)。

因此，老師應靈活運用不同的評估策略，以便從不同角度監察和診斷學生的學習，及時提供解難策略，確保他們的學習方向正確，學習進度不會落後。評估結果應該用於發展校本課程、規劃教學進度和內容、調整教學法、改善學習環境等。

雖然進展性和總結性評估的作用不同，但功能上互相補足，缺一不可，否則就無法全面和準確反映學生的學習狀況。

2.3 挑選合適的評估工具

在學習上，鑑於非華語學生的中文能力可以有很大的落差，老師應該運用程度合適的評估工具；太難或太易的考卷，不但無助於規劃學與教，還會打擊學生的學習信心。

因此，建議老師善用校內評估工具。該評估工具涵蓋聽說讀寫四種能力，按難度再分為四個學習階段，即入門階段、第一學習階段 (基礎)、第二學習階段 (門檻) 和第三學習階段 (獨立學習)，每個學習階段提供多份難度相若的考卷供老師選擇。

入門階段的評估對象是處於萌發期、學習中文少於兩年時間的非華語學生，較適宜評估其識字和寫字能力。識字評估包括認讀部件和結構、漢字的形音義、相反詞等；寫字則考核書寫漢字的基本筆畫，抄寫完整字形的能力等 (謝錫金、張張慧儀、許守仁、呂慧蓮，2015)。中文乃表意文字，學生必須有良好的認字和寫字基礎，方能發展讀寫能力。這亦符合中文作為第二語言的學習序列，即「聽說、識字、寫字、閱讀和寫作」(謝錫金、李浚龍，2012；謝錫金、羅嘉怡，2014a，2014b；羅嘉怡、謝錫金，2012)。至於聆聽能力評估，是針對學生能否聽懂常用詞。說話能力評估，考核學生日常對答，內容圍繞學校和家庭生活經驗。

至於第一至第三學習階段的評估，對象分別是學習中文達三至四年、五至六年，和六年以上的非華語學生，包括評核聆聽 (二人及三人對話)、說話 (口述故事、個人短講、小組交談)、閱讀 (實用文、記敘文、說明文) 和寫作 (實用文和記敘文) 能力。

第一學習階段：屬基礎級別，預期學生能在別人的幫助下與他人作簡單的口頭交流，對漢字開始有覺識，能理解並使用熟悉的日常用語和非常基礎的短語來表達自己。

第二學習階段：屬門檻（threshold）水平，若語言輸入清晰，學生就能夠理解學校和生活中常見的事情，掌握其要點，並能就熟悉或感興趣的話題，說出或寫出連貫的訊息。

第三學習階段：學生應能用中文獨立學習，能流利而自然地與本地人交流而不緊張，能理解閱讀材料的大意，開始接觸中國文化及少量古典文學。若非華語學生的中文達到這個級別，表示他們的水平不俗，能完全用中文上課。

老師可以就着個別學生的程度，從不同學習階段、不同能力的校內評估工具測卷中，靈活挑選和自由組合。例如學生一的聽說能力較好，惟讀寫能力弱，老師可採用第二學習階段的聽說卷和第一學習階段的讀寫卷（見表14.1）。於是，老師能組合出適用於不同程度學生的評估卷。

表14.1：老師按非華語學生的中文能力靈活組合校內評估工具考卷示例

評估工具	聆聽	說話	識字/閱讀	寫字/寫作
入門階段				
第一學習階段（基礎）			學生一	學生一
第二學習階段（門檻）	學生一	學生一	學生二	學生二
第三學習階段（獨立學習）	學生二	學生二		

三、如何運用評估數據

近年，學界提出「對學習的評估」（assessment of learning）、「作為學習的評估」（assessment as learning）和「促進學習的評估」（assessment for learning），即如何理解評估數據並給予回饋。香港課程發展議會最新公布的《中國語文教育學習領域課程指引（小一至中六）》（2017）「評估」一節，亦就這三個概念在課程上的應用作說明（見頁49–51）。

3.1 對學習的評估

對學習的評估是要了解在某個學習階段的學生能否掌握學習內容（Sousa and Tomlinson, 2011），運用的是總結性評估數據，故應在特定的時間和空間進行。評估之前，老師應給學生充分準備，包括提供明確的評估目的、考核的範圍要合理、考核的內容要適當、設計的題目具代表性並能反映擬考核的能力、有客

觀的評核標準等。題型方面,老師可設計填充題、短答題等,考核學生記憶學習內容的能力 (rote learning),還可以要求他們作文、完成專題研習 (learning project) 並作口頭報告等,以考核他們的綜合和高層思維能力。

3.2　促進學習的評估

促進學習的評估的目的是診斷學生學習上的強弱項,從而調適課程和學與教的過程;老師通過示範,給學生學習策略和建議,以改善學習方法和成效。因此,老師要運用不同的評估方法,全方位檢測學生的學習表現;運用評估結果,找出學生已學會的知識,診斷學習難點,再幫助他們克服困難。

促進學習的評估是持續不斷的過程,老師最重要是給學生提供:(1) 清晰和具體的學習目標,知道要學甚麼;(2) 預期的學習成果和應有的學習表現,附以具體的評量標準及優秀的學習示例供參考;(3) 持續而多樣化的評估,即要用不同工具,監察學生對所學內容的理解程度,能否掌握並有效運用學習策略;(4) 根據學生的表現,提供優質的回饋和學習建議,包括讚賞做得好的地方,指出未達標之處並加以勉勵,提供適當的學習策略,有需要時還要示範如何運用這些策略,並給予練習機會,確保學生明白並掌握這些方法。此外,還要幫助他們建立運用策略的意識,懂得判斷甚麼情況要運用甚麼策略。

以非華語學生的學習為例,老師講解記敘文時,可以提醒學生留意「六要素」(學習目標),告知講解完後他們要把六要素複述出來,並填寫在工作紙上 (學習成果)。講解過程中,老師觀察並初步評估他們是否明白學習內容;用口頭提問,快速檢視學生是否理解表層意思、推論因果關係等;再請學生完成工作紙,測試他們能否理解課堂內容。如果學生無法找出答案 (學習難點),需引導他們從文章中找尋線索和隱藏的訊息 (示範閱讀策略)。下次再閱讀同類文章時,提醒學生運用相同的策略,以回答推論問題 (下階段的學習目標)。有關如何運用多元化的教學策略以針對不同的學習目標,照顧學生的學習差異,請參閱本書其他章節。

非華語學生學習新知識時,老師要給予不同的學習經驗,通過不同的學習活動反覆練習,並輔以小步子鷹架設計,方能幫助他們逐步成長,最終能學懂並牢記相關的知識,獨立完成學習任務。

至於課堂組織、鷹架設計和進展性評估,三者是相輔相成的。舉例來說,老師教導新教學單元時,會先講授課文內容。待學生對文章有初步概念後,老師會讓他們推敲艱深字詞的意思。如果學生學過識字策略但技巧尚未純熟,老師可以用異質分組的方法組成三至四人的小組,小組內能力較好的學生,引導能力稍遜的學生嘗試運用識字策略,並根據上文下理,驗證和修訂答案;目的是

給予同儕學習的機會，讓弱能力學生能夠通過觀察和模仿，學習如何運用策略；高能力學生則給予實踐機會。老師從旁觀察，適時提供指導；若有需要則再向全體學生示範如何運用識字策略。

若學生成功完成任務，老師可予以讚賞，並提高學習難度，要求他們運用這些字詞造句，既檢視他們是否真正理解詞語的意思，也為稍後的寫作任務提供小練筆。不過，造句和寫作對很多非華語學生來説都是非常困難的，老師可以嘗試引導學生口頭創作一至兩個句子，並板書出來（第一次鷹架），展示運用詞語造句的方法，同時提供優秀的創作示例，以説明評核的標準。接着，老師讓學生以小組的方式集體創作一兩個句子（第二次鷹架）；若學生的中文能力較好，則可以請他們組成二人小組，讓更多學生有機會參與句子創作之餘，仍然有同儕在旁協助，減輕學習壓力。學生把結果填寫在工作紙上，老師再向全班展示時請學生朗讀答案，從而提供用中文口語表達的機會；老師則給予回饋，並建議如何進一步完善這些句子。此外，老師亦可請學生互評，學習運用評估標準，以理解何謂優秀的句子。為了加強記學生的記憶，老師可以請他們從其他同學的作品中，抄一至兩句最喜歡的句子到筆記簿內（第三次鷹架）。最後，老師給學生布置課業，要求他們從眾多新學的詞語中，自選兩至三個詞語，回家創作句子。由於學生已經經歷了三次鷹架，故即使能力稍遜的學生，也可以通過改寫小組或其他同學的句子完成課業。

促進學習的評估涵蓋的是整個學與教過程，從設計學習目標，挑選教學策略、構思教學步驟和鷹架、設計學習活動和工作紙，以至示範如何運用學習策略，布置學習環境，配合不同的小組學習活動和安排，過程中加入不同的評估工具，適時為學生分析學習表現，或讓他們自評和互評，均是為幫助學生理解學習內容，掌握學習策略，並能有效地運用出來（祝新華，2015；Crick, 2007; Earl and Katz, 2006; Tomlinson, Moon, and Imbeau, 2015）。

3.3　作為學習的評估

作為學習的評估是指在老師的輔助下，學生能夠定期檢視自己的學習表現，認識自己的強弱項，從而調整學習目標，並有後設認知（metacognitive）的意識，懂得運用不同的認知和學習策略，反思其效能並適時調整，以便解決學習難點，確保學習進度良好。最終，學生能發展成為自主學習者，為自己的學習負責（謝錫金等，2015）。

老師若要充分發揮**作為學習的評估**的效果，首先要培養學生的後設認知能力，包括教導他們閱讀評估結果和老師的評語，了解已學懂或仍未學會的知識，從而設定或調適下階段的學習目標和進程。接着，學生要學習如何針對學

習難點，設定短期和長期的學習目標，並因應這些目標及其難度，靈活運用不同的認知策略；若運用策略後的效果仍然不理想，則需要知道原因，並尋找其他資源以解決學習困難（例如向老師求助）。

　　對學生來說，上述要求頗高。因此，老師要在各個環節提供適當的引導和示範，包括向學生講解進展性和總結性評估的結果，考核的知識和能力，評核標準，以及他們的表現。接着，老師要教導學生怎樣針對自己的弱項，訂定下階段的學習目標，推薦和示範一些合適的學習策略，並提供優秀的學習示例作參考。

　　老師可以就着非華語學生的學習需要，從小處開始建立他們認識**作為學習的評估**的概念和自主學習的能力。例如，校內評估工具的結果反映他們的難點是識字量不足，字詞解碼的速度慢，寫作時運用的句式往往很簡單，影響閱讀和寫作能力的發展。於是，老師跟學生分析評估結果，然後針對上述難點，鼓勵他們設定三個學習目標：(1) 增加識字量；(2) 學習更多句式；(3) 提升字詞解碼的流暢度。學生可以閱讀自選的中文課外書，讀後要抄寫五個新學會的字詞、一句他們喜歡的句子，並朗讀一個有趣的段落，然後自評（見圖14.1）。如果學生能夠完成這張工作紙，表示他們已達成基本目標，下一個目標就是要把這些知識應用出來，例如能夠在其他文章內辨認出這些新學的詞語，或寫作時

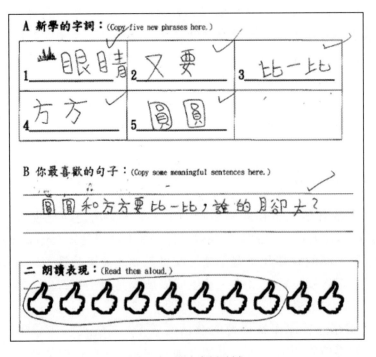

圖14.1：學生自評示例

能夠正確運用這些詞語和句式。讓學生看到學習的成效，自然能建立對學習中文的興趣、信心和動機。

本章作者曾跟多所先導學校合作，以**自我檢測圖**（KWL chart）用做**作為學習的評估**的工具。單元教學開始前，學生就着將要學習的課題，反思已學會了甚麼（即已知，K — what a student knows），接下來想學甚麼（即想知，W — wants to know），如何達到這些目標，打算用多少時間進行，最後檢視學習成果（即新知，L — what has learned）（見表14.2，以《三國演義》中雀巢鳩佔一文為例，使用經改良後的自我檢測圖）。學生填寫這份表格時，先反思自己學會了甚麼，然後決定學習目標，輔以他們認為合適的學習策略。在學習計劃開始前、中段和結束後，學生要填寫自我檢測圖，老師亦要給予回饋，指導學生檢視學習進程，適時修訂目標、策略和學習計劃。所以，**作為學習的評估**實際上是培養學生成為自主學習者的過程，檢視的過程就是學習，亦反映了學習的進度和成果。

四、總結

評估的目的是要反映學與教的成效，揭示其不足之處。老師和學生若能適當運用所得資料，定能幫助雙方了解學習的需要，知悉未來的學習方向，調適課程內容、學習目標、教學策略，並改善學與教的質量和進度。老師和學生必須緊密溝通和衷誠合作。

此外，老師亦應適時地通知家長其子女的學習表現、難點、學習目標、預期的學習進程和最終的學習表現（Hutchinson and Hayward, 2005）。若能做到家校合作，相信學生的學習會更有成效。

總結性評估和進展性評估，各有不同的目標和作用，互相補足；**對學習的評估和促進學習的評估**，要配合上述兩種評估目的，才能充分發揮其對促進學與教的作用。**作為學習的評估**則是一個較長遠的目標，最終希望學生能成為自主學習者，學會學習，有效學習。

隨着社會對人才的期望日益提高，學與教的水平持續提升，相信有效和靈活的評估方法，適當的評估工具，有效的學與教，優質的回饋，都能進一步提升非華語學生的中文水平，建立他們對學習中文的信心和動機。

本章作者感謝先導學校的校長和老師，以及徐詩琪老師、莊繞蔓老師、邱舒敏老師對非華語學生學習中文所給予的支持。

表14.2：自我檢測圖（KWL）——〈鵲巢鳩佔〉

閱讀前		閱讀時		閱讀後	
已知（Know）： 請寫下你對〈鵲巢鳩佔〉的認識。		想知（What）： 你期望通過閱讀〈鵲巢鳩佔〉，認識或學到甚麼事情？		新知（Learnt）： 閱讀〈鵲巢鳩佔〉後，你對這個主題有甚麼新的認識？	
已知	瀏覽閱讀材料	想知	檢視	新知	反思
1.「鵲巢鳩佔」是一個_____。 （提示：它有典故嗎？） 2.「鵲巢鳩佔」屬於_____詞。 （提示：褒義詞／貶義詞／中性詞？） 1.「鵲」和「鳩」都是_____地方 （提示：想想牠們相同或相似的地方） 2. 其他_____	我看過《三個演義》這本書的資料，包括（可選多項）： （ ）主題 （ ）作者 （ ）目錄 （ ）圖畫 （ ）其他_____	我希望知道（可選多項）： 1. 誰是「鵲」？ 2. 誰是「鳩」？ 3.「巢」指的是甚麼地方？ 4. 為甚麼「鳩」可以成功佔有了「鵲巢」？ 5. 其他：_____ 我發現故事中有趣的情節包括：_____	✔＝已經達成 ☺＝尚要努力 1.【 】 2.【 】 3.【 】 4.【 】 5.【 】	通過閱讀〈鵲巢鳩佔〉，我知道了： 1.（ ）_____是「鵲」 2.（ ）_____是「鳩」 3.（ ）「巢」指的是_____ 4.（ ）「鳩」可以成功佔有了「鵲巢」是因為_____ 5.（ ）其他：_____ 通過閱讀〈鵲巢鳩佔〉，我認識了： （ ）張飛有_____的性格 通過閱讀〈鵲巢鳩佔〉，我學到： （ ）做人的道理：_____ （ ）待人處事：_____ （ ）其他：_____ 6. 我會用以下方法來了解我仍未知道的事情：_____	閱讀時，我有／沒有遇到困難。（如有，我遇到的困難是：_____。 我用了_____來解決困難。 這個方法的好處是_____ 缺點是_____。

參考書目

香港課程發展議會 (2017)。《中國語文教育學習領域課程指引 (小一至中六)》。香港：香港特別行政區政府教育局。

祝新華 (2014)。《促進學習的語文評估：基本理念與策略》。北京：人民教育出版社。

祝新華 (2015)。《促進學習的閱讀評估》。北京：人民教育出版社。

課程發展處 (2010)。《為非華語學生而設的校內評估工具》。香港：香港特別行政區政府教育局。

謝錫金、李浚龍 (2012)。〈個案九：識字教學〉。載於謝錫金、祁永華、岑紹基 (編著)，《非華語學生的中文學與教》(頁 207–218)。香港：香港大學出版社。

謝錫金、張張慧儀、許守仁、呂慧蓮 (編著) (2015)。《滿足不同學習需要的語文課程設計》。北京：北京師範大學出版社。

謝錫金、張張慧儀、羅嘉怡、呂慧蓮 (2008)。〈評估識字〉。載於謝錫金、張張慧儀、羅嘉怡、呂慧蓮 (編著)：《中國語文課程、教材及教法：面向有特殊學習需要的學童》，頁 109–116。香港：香港大學出版社。

謝錫金、羅嘉怡 (2014a)。〈為非華語幼兒而設的識字評估〉。載於謝錫金、羅嘉怡 (編著)：《怎樣教非華語幼兒有效學習中文》(頁 192–204)。北京：北京師範大學。

謝錫金、羅嘉怡 (編著) (2014b)。《怎樣教非華語幼兒有效學習中文》。北京：北京師範大學。

羅嘉怡、謝錫金 (2012)。〈促進非華語幼兒漢字學習的校本課程設計初探〉。《漢字漢文教育》 (韓國漢字漢文教育學會)，第 28 輯，頁 171–195。

Bereiter, C., & Scardamalia, M. (1989). Intentional learning as a goal of instruction. In L. B. Resnick (Ed.), *Knowing, learning and instruction: Essays in honour of Robert Glaser* (pp. 361–392). Hillsdale, NJ: Lawrence Erlbaum Associates.

Broudy, H. S. (1988). *The uses of schooling*. New York, NY: Routledge.

Crick, R. D. (2007). Learning how to Learn: The dynamic assessment of learning power. *The Curriculum Journal, 18*(2), 135–153.

Earl, L., & Katz, S. (2006). *Rethinking classroom assessment with purpose in mind: Assessment for learning, assessment as learning, assessment of learning*. Alberta: Ministers of Education of Alberta, British Columbia, Manitoba, Northwest Territories, Nunavut, Saskatchewan, and Yukon.

Entwistle, N. J., & Entwistle, A. C. (1991). Forms of understanding for degree examinations: The pupil experience and its implication. *Higher Education, 22*, 205–227.

Entwistle, N. J., & Ramsden, P. (1983). *Understanding pupil learning*. London: Croom Helm.

Garrison, C., & Ehringhaus, M. (2007). *Formative and summative assessments in the classroom*. Retrieved on December 28, 2017, from http://www.amle.org/Publications/WebExclusive/Assessment/tabid /1120/Default.aspx

Hutchinson, C., & Hayward, L. (2005). The journey so far: Assessment for learning in Scotland. *Curriculum Journal, 16*(2), 225–248.

Jewitt, C. (2003). Re-thinking assessment: Multimodality, literacy and computer-mediated learning. *Assessment in Education, 10*(1), 83–102.

Marton, F., Hounsell, D. J., & Entwistle, N. J. (1984). *The experience of learning*. Edinburgh: Scottish Academic Press.

Merton, R. K. (1968). The Matthew effect in science. *Science, 159*(3810), 56–63.

Nicol, D. J., & Macfarlane-Dick, D. (2006). Formative assessment and self-regulated learning: A model and seven principles of good feedback practice. *Studies in Higher Education, 31*(2), 199–218.

Pintrich, P. R., & Zusho, A. (2002). Student motivation and self-regulated learning in the college classroom. In J. C. Smart & W. G. Tierney (Eds.), *Higher education: Handbook of theory and research (Vol. XVII)* (pp. 55–128). New York: Agathon Press.

Sadler, D. R. (1998). Formative assessment: Revisiting the territory. *Assessment in Education, 5*(1), 77–84.

Säljö, R. (1979). Learning about learning. *Higher Education, 8*, 443–451.

Sousa, D. A., & Tomlinson, C. A. (2011). *Differentiation and the brain: How neuroscience supports the learner-friendly classroom*. Bloomington, IN: Solution Tree Press.

Stiggins, R. J. (1991). Assessment literacy. *Phi Delta Kappan, 72*(7), 534–539.

Tomlinson, C. A., Moon, T., & Imbeau, M. B. (2015). *Assessment and student success in a differentiated classroom*. Alexandria, VA: ASCD Professional Learning Services.

作者簡介

巢偉儀博士，現任香港大學教育學院中文教育研究中心助理研究主任、香港大學教育學院現龍漢語字詞學習計劃項目經理。研究範疇和研究興趣包括少數族裔學生中文學習研究、閱讀教學、中文作為第二語言教學、中國古典文學及文化教學、資訊科技在中文教學上的應用等。

何劍翹博士，分別於1980及1990年代在天主教津貼小學任教，為英文科老師及宗教科主任。其後轉任津貼中學老師，在瑪利曼中學任教，主力教授非華語學生中文，亦兼任聖經科和歷史科老師。現從事寫作，致力研究非華語學生學習中文所面對的挑戰和心路歷程。

祁永華博士在香港大學教育學院任教33年後退休，現任香港大學教育學院名譽副教授。研究領域包括數學、電腦教育、通識教育、漢語與英語作為第二語言教學和教師發展、變易學習理論和跨文化學習。他曾任香港電腦教育學會主席，並參與創建TeleNex英語教師支援網絡、Dragonwise現龍中文學習軟件、USP香港中學少數族裔學生學習中文協作計劃。

Shanila KOSAR，香港土生土長巴基斯坦人，「中文圖畫書閱讀及創作試驗計劃」、「中文圖畫書閱讀及創作獎勵計劃」及「跨文化獨立專題探究獎勵計劃」導師。「匯文子集」—跨文化網上分享平台創辦人之一。

劉國張博士，自1970年代起於地利亞修女紀念學校任教中國語文科。曾於1990年代初參與課程發展處「中國語文校本課程剪裁」試驗計劃。現參與香港大學教育學院中文教育研究中心「中學非華語學生的中文教與學支援計劃」，與中學老師合作為非華語學生發展「閱讀促進學習」教學法及設計校本中文教材。

劉文建博士，九方Q9中文輸入系統及中文輔助工具軟件發明者。他自1990年代初開始參與香港大學的現龍計劃，創辦社會企業、擔任大學客座講師及學校校董，致力以科技幫助弱勢社群（視障、聽障、肢障人士及非華語學生等）、設計教育機械人及課程、研發科技、繼續發明及尋夢。

梁迭起，現為香港大學教育學院博士研究生兼「中學非華語學生的中文教與學支援計劃」(2016–2018) 研究助理，曾參與「非華語學生學習中文支援計劃」(2014–2016) 等研究計劃。

羅嘉怡博士，現任香港大學教育學院助理教授、雙學士學位（中文、英文、科學、通識）課程總監，2007年起參與非華語學生的中文學與教研究，著有《怎樣教非華語幼兒有效學習中文》、《兒童閱讀能力進展：香港與國際的比較》、《中國語文課程、教材及教法：面向有特殊學習需要的學童》，發表逾四十篇國際學術論文及專題文章，以及開發中文學習電腦軟件等。

潘溫文，資深語文教育工作者，曾在香港教育學院語文教育中心、中學從事語文教學多年。現任香港大學教育學院中國語言及文學部講師，並擔任教育文憑（全日制）課程（中國語文教育）課程統籌。

岑紹基博士，現任香港大學教育學院中文教育研究中心副教授，曾任該學院語文及文學部副主任 (2005–2009)、中國語文及文學部主任 (2009–2015)，現從事語文教育研究計劃的教研和出版工作。

辛嘉華，香港大學教育學院課程發展主任，現於「中學非華語學生的中文教與學支援計劃 (2016–2018)」專責支援學校發展校本中文二語課程及推動教師專業發展。

戴忠沛博士，現為香港大學教育學院與文學院聯席助理教授、文學士及教育學士（語文教育－中文）課程統籌，並曾於2014–2016年負責統籌教育學碩士（非華語學生中文教學）課程。

譚宗穎博士，現任香港大學教育學院中文教育研究中心研究經理、《匯文子集》雜誌（*Cross-Cultural Learners' Magazine*）總編輯。

鄧啟麟，曾任職中學中文科教師，現任香港大學教育學院中文教育研究中心課程發展主任，協助推行「中學非華語學生的中文教與學支援計劃」，專責支援參與計劃的種子學校，包括發展中文作為第二語言課程及考評模式，協助學校優化校本中文課程，制訂學與教的方法和策略。

謝錫金教授，現任香港大學教育學院教授、博士生導師；兼任新加坡教育部華文課程規劃與發展顧問、新加坡華文課程與教學法檢討委員會顧問、北京師範大學文學院兼職教授（中文）、澳門教青局顧問、香港特別行政區語文教育及研究常務委員會委員、教育委員會推廣閱讀工作組成員。

胡寶秀，香港大學教育學院哲學博士候選人。曾任中英劇團及新域劇團全職演員、香港演藝學院兼任講師、香港中文大學客席講師。

容運珊博士，現任香港大學教育學院中文教育研究中心課程發展主任、非華語學生學習中文支援計劃（Student Support Programme, SSP）導師。